一脉文韵美帅乡

黄太平　彭小峰　朱义　著

NORTHEAST NORMAL UNIVERSITY PRESS
WWW.NENUP.COM
东北师范大学出版社

图书在版编目(CIP)数据

一脉文韵美帅乡 / 黄太平， 彭小峰， 朱义著. -- 长春 : 东北师范大学出版社， 2019.10
ISBN 978-7-5681-6401-6

Ⅰ. ①一… Ⅱ. ①黄… ②彭… ③朱… Ⅲ. ①文化史—重庆 Ⅳ. ①K297.19

中国版本图书馆 CIP 数据核字 (2019) 第 223959 号

□策划编辑：王春彦
□责任编辑：卢永康　□封面设计：优盛文化
□责任校对：肖茜茜　□责任印制：张允豪

东北师范大学出版社出版发行
长春市净月经济开发区金宝街 118 号（邮政编码：130117）
销售热线：0431-84568036
传真：0431-84568036
网址：http://www.nenup.com
电子函件：sdcbs@mail.jl.cn
定州启航印刷有限公司印装
2019 年 10 月第 1 版　2019 年 10 月第 1 次印刷
幅画尺寸：170mm×240mm　印张：10.5　字数：125 千

定价：49.00 元

序言

山川多娇，文脉悠远。开州大美，美在青山碧水照蓝天，美在人文胜迹厚历史，美在民风淳朴暖心田。

开州属西周庸国之境，其巫文化、茶文化、盐文化显于当时；春秋时期属巴国，其神话“比翼齐飞”“巴蛇吞象”“白虎神话”流传千年；东汉时期，先主刘备取汉土丰盛之意，置汉丰县，其文德武攻盛极一时。唐朝时期，开州刺史韦处厚写下盛山十二景诗，引起张籍等数十名人唱和，韩愈为之作序，朝野震惊。在清代，“堂前植双柏，一门两进士”以及“公车上书”的开州六举子，为开州写下了文化史上光辉的一笔。“白云无意飞天外，青梦有时到日边”，两江总督李宗羲寄兴于天外理想，日边壮志，意气飞扬，最终成为一代名臣。更有刘伯承元帅青年时期写的《出益州》“微服孤行出益州，今春病起强登楼。海潮东去连天涌，江水西来带血流。壮士未埋荒草骨，书生犹剩少年头。手执青锋卫共和，独战饥寒又一秋”表达了忧国忧民、投身报国的壮志豪情。

开州钟灵毓秀。是开州的大美孕育了这片土地延续千年的文脉，是先贤的风雅绽放了开州的辉煌。这些文化符号，经过历史的沉淀，早已根植于每一个开州人的心里，升华成氤氲之气，在这一片灵山秀水间历久弥香。

我们怀着对传统文化的热爱，怀着对开州文脉的崇敬，带领一群高中生写下一段注脚，拓展其语文知识，赓续千年文脉。让这些青春年华的学子得到濡染，是我们的心愿，也是我们的责任。在编写过程中，多方考证，力求真实，用情感演绎文学经典，用纸笔书写诗词歌赋，让学生在前行的道路上，多一个成长的坐标。

诗文秀丽，为开州增辉；山川俊美，为开州添彩。在联韵诗风的抚摩下，我们力争把这一颗颗珍珠串起来，使之绽放在传统文化的百花园中，使之香逸八方。人贵不忘历史，更贵在历史的基础上创造未来。但愿这本集子能够绽放于课改的百花园地，对繁荣校园文化、宣传大美开州助力。

一脉文韵美帅乡，是为序。

编者

2019 年 7 月 7 日

目录

第一章　对联入门

第一节　对联概论

对联也叫“楹联”“对子”等，是一种与古典诗词一脉相承的文体形式，也是一种应用面极广的民俗。楹联在《辞海》中的解释为“字数无定规，但两联须相等。旧时要求对仗工整，平仄协调，是旧体诗词的演变”，其社会功用则是普遍用于装饰和交际庆吊。由此可见，广义的对联是一种中华民族所独有的社会文化现象，狭义的对联则是一种文体形式。

一、对联简史

1. 起源

从本质上看，对联的起源应该追溯到中国古代，尤其是先秦的哲学思想。因为对联的修辞学基础正是对偶。北京大学教授白化文在《学习写对联》一书中明确提出：“对联是汉民族文化艺术的独特产物。”

据清代纪晓岚考证，楹联始于蜀孟昶“新年纳馀庆，嘉节号长春”十字。而谭嗣同认为对联“始于蜀孟昶”的春联一说，把对联的产生时间定得太晚。关于对联的起源有着多种说法。我们所能基本肯定的是，对联产生于唐代，最迟也在唐代的中期或晚期。

可以想见，至五代时候，对联应该已经相当普及了，尤其是春联。因为据《风俗通》《山海经》等书记载，从远古时候起，人们便有在门旁挂桃木板（桃符）用来驱鬼除邪的习俗。开始时，在桃符上面画两个神像（早期是神荼、郁垒，唐代画尉迟恭、秦叔宝）；后来，大概是为了寻求简化，只在上面写神名；再后来，人们开始在桃符上写一些吉祥文字。正如常江先生所说："以字代画，是意义重大的事情，然而二者还没有本质上的区别。由'书二神字'到写吉祥文字，则是一场大变革。"

2. 发展

宋代时，相继出现了一批对联大家，如北宋的苏轼、宋庠、杨大年、王安石，南宋的朱熹等，并有不少对联作品传世。正如梁章钜所说："则大贤无不措意于此矣。"（《楹联丛话自序》，上海书店1981年6月影印第1版）从《朱子全集》卷后所附载的联语，笔记、野史等所载的故事，可见"南宋时楹帖盛行"（《楹联丛话》卷一，故事），并且先后有了赠联、挽联、寿联、嘲讽联、巧趣联等新品种。

金代、元代少数民族入主中原，其统治者也非常注意学习汉文化，极为重视中原士人中的优秀分子的积极作用，并能鼓励他们发挥才干。

3. 兴盛

明代、清代是现在楹联界公认的对联史上的第一个高潮，特别是清代，为古代楹联的最繁盛时期。一是出现了解缙、唐寅（伯虎）、祝枝山（允明）、徐渭（文长）、杨慎、李开先、顾宪成、顾亭林、董其昌、李渔（笠翁）、纪昀（晓岚）、阮元、郑燮（板桥）、袁枚、孙髯、赵藩、俞樾（曲园）、梁章钜、林则徐、魏源、左宗棠、张之洞、钟云舫、章炳麟（太炎）、康有为、梁启超等一大批卓有成就的对联大家，二是创作了一大批足以流传后世的对联作品。如顾宪成无锡东林书院联、孙髯昆明大观楼长联、赵藩成都武侯祠联等。三是作为一种独立的文学艺术样式，其普及程度可谓超过以往任何时候。从东南海上的台湾、琉球，到大西北的天山深处、西南的青藏高原；从皇帝公卿、高官士子、文人骚客，到贩夫走卒、农夫樵子、牧童丫头；从皇宫殿宇，到山间寺庙……举凡宫殿、园林、庙宇、宫观、书院、店铺、茶馆、民宅……无不遍布对联。四是出版了一批对联专著。其中当以李渔（笠翁）的《笠翁对韵》和梁章钜、梁恭辰父子的《楹联丛话》《楹联续话》《楹联三话》《楹联四话》《巧对录》《巧对续录》为代表。五是对联种类空前丰富。如春联、挽联、寿联、婚联、赠联、贺联、行业联、名胜联、格言联、谐讽联、巧趣联、姓氏联、生子（生女）联、建房迁居联……渗透到社会生活的方方面面，并且它已不仅是官员、文人的书面作品，而且成了各阶层人们日常文化生活的必需品。实用对联成为这一时期对联的主要特征，它代表了一个阶段对联的主流。

辛亥革命后的民国年间，虽然战乱频仍，社会动荡，在新文化运动对所谓“旧文化”的冲击下，这一时期对联活动的开展范围、对联著作的出版数量等，较之前代，都有过之而无不及。报刊上公开的征联及评选、文人的雅集，几乎常年不断。每有重要人物逝世，都会出现铺天盖地的挽联，且每每有挽联集子印行，如《蔡锷黄兴追悼录》《孙中山先生哀思录》等。老一代无产阶级革命家在战争年代几乎都写过对联，他们常常以这种传统的文学艺术形式作为宣传鼓动、题赠贺寿、凭吊哀挽的手段。据常江先生《古今对联书目》（1999 年 9 月内部印行）：有清一代 260 余年间出版的对联著作共 301 种，而民国期间的 38 年就出版有 479 种。所以，说民国时期是对联史上的第二个高潮，是比较客观的，并不为过。

4. 复兴

新中国成立后的很长一段时间内，对联仅仅是作为宣传的一种工具，多数为标语口号，内容单调，大大小小的对联活动，则近乎一片空白。对联书籍的出版，也少得可怜。党的十一届三中全会以来改革开放的 40 年，则是对联史上的第三个高潮。一是建立了对联组织。1984 年 11 月中国楹联学会成立，截至 2009 年，中国楹联学会有会员 6600 多人，团体会员 150 来个，全国已有 27 个省、自治区、直辖市成立了楹联组织，全国各级注册的会员达数十万人。二是对联走进重要社会活动。对联在 2005 年成功亮相于央视春晚，引起了强烈反响。“楹联习俗”于 2006 年 5 月被国务院列入第一批国家级非物质文化遗产名录（第 510 项，编号：X-62）。中国楹联学会 2007 年发起“百城迎圣火”海内外大征联活动，为北京奥运会鼓劲、加油。三是对联报刊和对联书籍的大量出版。1985 年《对联民间对联故事》问世；《中国楹联报》《中华楹联报》相继创刊，截至目前，从中国楹联学会到地方楹联组织成立的专业报刊出版单位已有约 200 家。各种对联书籍得以大量出版，2001 年全国第一个省卷本《中国对联集成河南卷》出版，2009 年《百家联稿》出版。四是随着互联网的发展，许多专业的对联网站、QQ 群、博客等新的对联载体应运而生，有力地促进了对联界的交流和对联事业的复兴。如中华国粹网、中国楹联论坛、河南楹联网，散漫斋对联 QQ 群等。五是常年不断的各类征联活动的开展。六是对联教学基地、中国楹联之乡、中国楹联文化城的建立，楹联文化节的举办。由此可见，我们说现在是对联史上的第三个高潮，应该是当之无愧的。

二、对联的种类

对联涉及我们日常生活的方方面面，发展到今天的对联，种类繁多。

根据对联字数的多少可以分为短联、长联，根据对联所表现的内容可以分为写景、咏史、抒情、谐趣等，但通常还是根据对联的内容和用途来划分为节日联、行业联、婚联、寿联、贺联、挽联、题赠联、名胜联、巧趣联等更合适一些。这样分类，既可以尽量少地交叉，又不至于过细。其中，题赠联多属格言联，因为格言联非常适宜用来赠人或自题；“节日联”可包含“春联”，虽然春联是对联中的一大分支；“行业联”中自然可以有行业春联。至于“集字”“集句”等等，应该属于创作方法的范畴。

除巧趣联大多属文人游戏之作以外，大多数对联都非常适用于传情达意，甚至有特殊的交际作用和实用价值。

三、对联的基本格律

从文学分类的角度说，如诗、词、曲一样，对联属于格律文学。所以有人把它归入韵文。对联作为一种独立的文学艺术样式有它异乎寻常的特点，写作与鉴赏对联就要遵循对联的格律。

早期的对联没有所谓“格律”。就是在清代，即人们一致认为的对联的鼎盛时期，也没有人比较完整地论述过对联格律。通过对前人对联论著、对联创作实践的研究和辨析，现在对联基本格律的客观存在得到了联界的公认，虽然对于对联格律的具体论述仍在讨论。

在介绍对联的基本格律以前，应该先了解它的几个常用术语：

对联分上联、下联，有些对联还有横批。上联，指面对对联，右边的一句；下联，指面对对联，左边的一句。

言，指上联或下联的字数，如五言联、七言联等；

字，指全联的字数，如昆明大观楼长联，共180字。

那么，对联的格律又是什么呢？一般说来，它有以下几个方面的要求：

1. 字数相等

对联的基本特点是对仗。指诗词、文章、对联的词句相对偶。所以，作为独特的一种文学艺术样式的对联，其上、下联的字数必须相等。否则，有长有短，就“对”不起来了。对联上、下联字数相等的排列，有着整齐、稳重、和谐之美，符合我们汉民族的审美习惯。

2. 词性相同

词性相同，这是对仗最起码的要求。语言学家王力先生在《龙虫并雕斋文集语言与文学》中说：“对仗，就是名词对名词，动词对动词，形容词对形容词，数量词对数量词，虚词对虚词。”

更为严格的是把常用的实词（实字）分为许多小门类，能严格地以本门类以内的字相对，就称为“工对”（工整的对子），否则，即是“宽对”。但实际上，在我们见到的对联中，即使是名联，完整的工对（即所谓“无一字不工”）也不多见。，一般多为宽对。

如下面一副传统春联：

爆竹一声除旧

桃符万象更新

其中，“爆竹”与“桃符”同为名词，“一”与“万”同为数词，“声”与“象”同为名词（这里做量词），“除”与“更”同为动词，“旧”与“新”同为形容词（这里做名词）。

还要注意以下几点：一，上、下联的词义不能完全相同，否则，叫作“合掌”，是对联一忌。二，尽管我们要求词性相同，但是，“过于要求工整，就会弄到同义词配对（以‘异’对‘变’，以‘将’对‘欲’，以‘观’对‘览’）。同义词用得太多，就显得重复。与同义词配对相反，用反义词配对，内容既充实，又显得很工整；三，初学写对联常见的毛病是，为了对得工整，一时又找不到合适的词语，便用一些生造词。我们的汉语是很丰富的，表达能力是非常强的，构思好了以后，这个词不行，再换一个就是了，如同义词、近义词等，不要生搬硬套。总之，要自然浑成，毫不牵强生硬才好。

这里所说的只是一般情况，如果是当句自对，尤其是长联的当句自对，又另当别论。

3. 结构相当

王力先生说：“骈偶（对仗）的基本要求是句法结构的相互对称：主谓结构对主谓结构，动宾结构对动宾结构，偏正结构对偏正结构，复句对复句。古代虽没有这些语法术语，但事实上是这样做

的。”（《古代汉语》下册第一分册，中华书局 1963 年 10 月第 1 版，第 1162 页）

古代汉语和现代汉语的语法结构，大的方面其实差别不大。

如这么一副新春联：

人和 政善 千家 暖

国富 民强 四海 春

上联“人和政善”与下联“国富民强”都是主谓结构组成的并列结构词组；“千家”与“四海”都是偏正结构词组，而“千家暖”与“四海春”又都是主谓结构词组。

4. 平仄相谐

我们的古人写诗、作文都是非常讲究声律的。可以说，声律是我国文学，尤其是格律文学的灵魂所在、精华所在，没有声律，就没有我们如此灿烂辉煌的古代文化。这个传统，从先秦时期的诗歌就已经开始了。

汉语是一种声调语言，现代汉语的普通话有阴平、阳平、上声、去声四个声调。辨别四声是辨别平仄的基础。“平仄”是格律文学的一个术语，“平”就是平声；其余上声、去声、入声为仄声，“仄”的字面意思就是不平。后文将专门讲述，本节不作详解。

5. 语意相关

即上、下联所写的内容是密切相关的有机整体（个别艺术联如“无情对”除外）。上、下联分工明确，又藕断丝连。

如杭州西湖三潭印月一联：

门外湖光十里碧

座中山色四围青

上联讲“湖光”，下联说“山色”，语意紧密关联，珠联璧合。

总之，我们说：对联属于格律文学，不讲格律，就谈不上什么“对联”，字数相等、词性相同、结构相当，具有对等、统一、和谐之美；平仄相谐，则具有起伏跌宕的旋律之美。

我在前面说过，所谓对联格律的要求，仅仅是对一般情况而言的。古人写诗作文章，讲究以“意”为主，以“意”为上，讲究“识”，讲究“志”，而将表达手法放在次要的位置。作文、写诗如此，创作对联也同样。只要构思奇巧，立意高远，可以不必拘泥于格律要求。

好的对联应当具备两点：一是贴切，二是新颖。所谓贴切，是指对联的内容要切人、切地、切时、切事，就是要有针对性。切实写出该人、该地、该时、该事的特征来，如清代梁章钜所说“如铁铸一般”不可移易。所谓新颖，是指对联的内容不落俗套，不人云亦云，而是新鲜的、别致的、活泼的，能就人人所见、人人所知的景物、事物、人物，发人所未发，有独创，有个性。宋代吕祖谦在《古文关键》中说：“笔健而不粗，意深而不晦，句新而不怪，语新而不狂。常中有变，正中有奇。题新则意新，意新则语新。”清代文艺理论家李渔在《窥词管见》中说：“意新为上，语新次之，字句之新又次之。”

四、对联的鉴赏

对联鉴赏的意义，源自于它在特定的时间、特定的地方无可取代的独特价值和独特作用。

对联鉴赏，大致也和其他文学艺术形式的鉴赏一样，应分为内容和形式两项，从这两方面去欣赏；所不同的在于对联往往与书法艺术相结合，所以，对联鉴赏应有对联内容、表达手段和书法艺术（限张贴及悬挂联）三个方面。

1. 对联内容

对联的内容应是对联鉴赏的最主要部分。我想，从这么几个方面由表及里、由浅入深地去看对联的内容：首先，看对联的句子是否顺畅，考虑其句子之间的层次是否清晰，上联和下联之间是否具有内在的必然联系，有没有次序颠倒、言语矛盾之处。其次，看对联要说的内容。我们常见的名联往往都含典故，或人物（如籍贯、经历、官职、业绩等等），或地理，或史实，或传说，不可不详察。如果对其中的典故了解不清，恐怕就谈不上什么欣赏了。

可以说，对联的内容能读懂，能理解，对联鉴赏也就完成了一大部分。

2. 表达手段

首先得看它是不是对联。

如灵宝市北函谷关犹龙阁一联：

未许田文轻策马

| | — — — | |

愿逢老子再骑牛

| — | | | — —

内容上，简短明快，切地，切人，切事；对仗上，工整，严谨，“未许”和“愿逢”分别是状语加动词，“田文”与“老子”为人名

相对，“轻策马”与“再骑牛”都是状语加动宾词组，尤其是“马”与“牛”之对，令人叫绝；声律上，上联的二、四、六字分别为仄、平、仄，下联的二、四、六字分别为平、仄、平，上联结尾是仄，下联结尾是平，上联没有三仄尾，下联也没有三平尾。

3. 书法艺术

对联与书法应该是天然的兄弟姐妹艺术，它们相辅相成，珠联璧合，浑然一体，相得益彰。所以，欣赏楹联作品时（当然是指张贴、悬挂出来的楹联作品），不可忽视对书法艺术的欣赏。

马萧萧先生在《名联鉴赏词典序》中说：“好的对联用好的书法写出来，成为珠联璧合的艺术品，观之神采俊驰，读之音律铿锵，产生双重的或多层次的审美效果。这更是中国文字中所独有的了。”

五、对联的应用

对联所能表现的内容很丰富，它的应用也很广泛。形式有书法条幅、牌匾、摩崖、碑刻、书报刊登、手机短信等多种，甚至还有刺绣、编织、打结的对联呢。但是除春联以外，对联的主要表现形式还是书法条幅以及由此延伸出来的牌匾、摩崖、碑刻等。这里简要介绍一下对联的书法表现形式。

1. 书写

对联的书写，可分为常式、龙门对和琴对。

常式指每边联文一行写完而且上下都写到头的对联。这种对联，皆正文居中，通常上款写在上联联文右边，下款写在下联联文左边。如果联文是篆书，不好认读，可在上联联文的左中部和下联联文的右中部对称地写上释文。

龙门对指每边联文在两行乃至两行以上，须写成“门”字形的对联。这种对联，应上联从右向左写，下联从左向右写。上款落在上联联文余下的空白处，下款落在下联联文余下的空白处。上下款文之首字一般对齐书写。

琴对指联文集中于上部而将款文置于联文之下，其形状像一张琴一样的对联。上款置于上联联文之下，下款置于下联联文之下。联文字少而纸长时，多采用这种书写方式。

不论是常式、龙门对还是琴对，落款时，款文的字都应比联文的字写得小些，首字一般也应比联文的字略低，这样才不会喧宾夺主。

对联的题款有许多习惯性的说法。书写时用这些习惯性的说法，可使作品显得更加典雅。

题款用语要注意专门的称谓，长辈如有字号，不可直书其名，而应称其字或号。标联语则要按不同的分类进行，如题赠联，意在请人指教的，可写“正之”“政之”“指正”“雅正”“教正”“赐正”“请正”“雅教”等；意在请人观览的，可写“清鉴”“雅鉴”“清玩”“雅赏”等；意在表明应命而作的，可写“属（嘱）”“属书”“雅属”等。其他的如婚联、贺新居、奠基、祝寿、春联等也各不相同。称谓和标联语构成对联的上款。

凡写标联语的对联和自题联，下款都要署名和纪年。在长者面前，名前可加署“愚晚”“后学”等自谦性词语。纪年可用干支、生肖、公元。四季三个月都分孟（初）、仲（中）、季（晚、暮），如农历四月可称“孟夏”。农历每月都有别称，这里不一一列举。

2. 钤印

书写对联，最后要有钤印。钤印是中国古代官方文件或书画、书籍上面的印章符号。即加盖联。

3. 张贴

对联的张贴，千百年来都是右边上联，左边下联左右以人面对门时左右手为准，而不以门自身的左右为准。它合乎汉字竖行书写，由右至左的习惯。

对联上下联的标志，一般就是看两个联脚的字。是平声的，即是下联，是仄声的，即是上联。

参考书目：

李文郑《对联基础知识》
余德泉《对联通》
尹　贤《对联写作指导》

作业：

1. 对句

风吹斜月西窗冷——
苦读寒窗终亮剑——
学海勤耕，经年自得书中味——
春上眉梢，粉面红桃枝上俏——

2. 改病句并对句

枫山漫染秋水寂——

庭院细雨梧桐老——

第二节　古今妙联欣赏

对联又称楹联，是根据汉字的字义、字形、词性、声调、音韵等特点构成的。它要求语言、声调、内容、形式（字数）都对称，较之旧体诗词，更为自由活泼。楹联对仗均衡，音韵和谐，意象恣肆，加之题材广泛，内容丰富，风格多样，趣味奇妙，有着无与伦比的应用性和表现力，达到了世界其他语种无法企及的艺术高度。在汉语言文化圈的一些国家，虽然也有对联，但一般说来，对联仍是我国特有的文学样式，是汉语汉字绽放的一朵奇葩。

对联的种类很多，优秀作品更多；对联应用广泛，数量巨大：全国几亿个家庭，几千万个店铺都要使用，有人估算，到目前为止，见诸书刊的对联不下 20 万副，各地名胜楹联不下 10 万副，对联专著不下千种。至于对联的作用，显而易见，勿须赘言，举几副名联就一目了然。如赵藩的成都武侯祠联：

能攻心则反侧自消，从古知兵非好战；

不审势即宽严皆误，后来治蜀要深思。

此联道理高深，启迪智慧，发人深省。在所有武侯祠联中独树一帜，饮誉海内外，受到毛泽东的称赞。

下面看顾炎武的东林书院联：

风声雨声读书声，声声入耳；

家事国事天下事，事事关心。

此联用语朴素，平中见奇，运笔工巧，语带双关，闻者必有所思。看李大钊赠好友联：

铁肩担道义；

妙手著文章。

这是李大钊书赠好友的对联。德才兼备，乃人生最高追求。看劝学联：

书山有路勤为径；

学海无涯苦做舟。

再看吴敬梓慎思堂联：

读书好，耕田好，学好便好；

创业难，守业难，知难不难。

干一行，爱一行，精一行，行行出状元，确须慎思。

请看孙中山撰广州黄埔军校旧址联：

升官发财，请走别处；

贪生怕死，莫入此门。

革命为宗，正气凛然；为谁而生，为谁而死，须考虑清楚。

且看鲁迅诗联：

横眉冷对千夫指；

俯首甘为孺子牛。

爱憎何等分明。

再看徐氏女的杭州岳飞墓联：

青山有幸埋忠骨；

白铁无辜铸佞臣。

为国捐躯，留芳千古；认贼作父，遗臭万年。

我们来看朱元璋的弥勒联：

大肚能容，容天下难容之事；

开口便笑，笑世上可笑之人。

此联悬于多处，影响甚大，修辞巧妙，格调乐观。唐宗宋祖，风骚不逊。

再看蒲松龄的自励联：

有志者事竟成，破釜沉舟，百二秦关终属楚；

苦心人天不负，卧薪尝胆，三千越甲可吞吴。

此联对仗工整，寓意深刻，百折不挠，多难兴邦。

下面看徐谓名联：

事父未能，入庙倾城皆末节；

悦亲有道，见我不拜也无妨。

此联构思新颖，发人深省。不孝父母而能忠于国家者，古来未闻。

还有最负盛名的昆明大观楼180字长联，被誉为海内长联第一佳者，气势雄放，文辞富丽，风韵天然，匠心独具。毛泽东评曰："从古未有，别创一格。"故不能不提，又因无人不晓，就只说不录了。上列诸联，包罗国事家事天下事，能让人明道明理，学会处世做人。但这不是本书的重点。这里仅选特点鲜明而又趣味盎然的十四种奇联巧对以示同仁。

1. 人名对。如：

孙行者；

祖冲之。

1932年清华大学入学考试，国文一科由陈寅恪出题，其中就有一题要求以“孙行者”作对子，竟有半数人交了白卷，于是有人在报上对此进行攻击，引起了一场风波。国学大师陈先生答辩指出：对子在各种文学样式中字数最少，却最富于中国文学的特色，有其深厚的民族文化底蕴，在世界文学中独树一帜。做对子最容易测出学生对中文的理解程度，因为寥寥数字就已包含对词性的了解，以及平仄虚实的运用。虽然有人对不出来，却也有人以胡适之相对得了满分。陈指出，若以祖冲之相对，则十全十美。下面看考官考生的人名对：

蔺相如，司马相如，名相如，实不相如；

魏无忌，长孙无忌，人无忌，我亦无忌。

一考官见一考生与自己的名字相同，叫来将其责问后说，我出一句对子考你，要能对上，就饶了你，便说出上联。考生稍加思索，对出了下联。上联的“相如”，下联的“无忌”，又暗合其事其情，细细咀嚼此联，确实意味深长。

2. 地名对。如：

密云不雨旱三河，虽玉田亦难丰润；

怀柔有道皆遵化，知顺义便是良乡。

以前有个文人，将北京周围八个县名（老名字）自然顺畅地串连成对，不但对偶整齐，而且别出新意，颇有难度，良多妙趣。还有项炯的地名趣联：

密云不雨，通州无水不通舟；

钜野皆田，即墨有秋皆即麦。

此联还以“通州”与“通舟”，“即墨”与“即麦”（古音为入声字），同音相谐，连缀甚巧。因为此联用了四个地名，故列入地名对。

3. 增删变字对

这是指以原有词句为基础，或增加、减少字，或改字，或变序形成的趣联。

且看痛骂贪官的减字联：

一二三四五六七；

孝悌忠信礼义廉。

古称“孝悌忠信”为四行，“礼义廉耻”为四维。这八个字在封建社会一直被奉为言行准则，可下联少了一字，无“耻”也。而上联也少一字，忘“八”矣，全联意为“忘（王）八无耻”。这是老百姓骂贪官污吏、土豪劣绅、文痞讼棍的快语，虽欠雅，却话丑理端，切中要害，淋漓痛快。

再看寒士贺礼联：

君子之交淡如；

醉翁之意不在。

上联用庄子“君子之交淡如水”，隐一“水”字，下联用六一居士“醉翁之意不在酒”，隐一“酒”字。两人通达淡泊之风跃然纸面。

再如易君左的挽莫愁联：

与尔同销万古；

问君能有几多。

此联用李白、李煜的原句，均将后面一个“愁”字去掉，其意正为“莫愁”。尤令人叹服的是情注乎中，悲溢于外，引人共鸣，感人至深。

还有缺衣少食无东西联：

二三四五；

六七八九。

横批：南北

上联缺一（衣），下联缺十（食）。横批没有东西（泛指生活用品）。此谓奇联、怪联，它往往隐含着潜台词，是作者苦心经营所造，欣赏时，要细心揣摩。据说有位大官要到某地视察，一秀才得知，便将本地缺衣少食没东西的情况巧妙地写进联中，官员看罢，即令开仓放粮。下面看讽刺权贵的改字联：

父进土，子进土，父子同进土；

妻失夫，媳失夫，妻媳皆失夫。

将原联的“进士”改为“进土”，“夫人”改为“失夫”，给了洋洋得意的权贵当头一棒。下面看变序联，即将原句的某几个字换一下位置。如：

不才明主弃（换成）：不明才主弃；

多病故人疏（换成）：多故病人疏。

此联本是孟浩然发泄不为世用的牢骚话，却被纪晓岚拈来一改，变成挖苦讽刺庸医的对联。“不明”指医道不明，“才主”谐音“财主”，“多故”，常出医疗事故，当然要被病人疏远。

最后看章炳麟撰写的《慈禧太后生日联》：

今日到南苑，明日到北海，何日再到古长安，

叹黎民膏血全枯，只为一人歌庆有；

五十割琉球，六十割台湾，而今又割东三省，

痛赤县邦圻益蹙，每逢万寿祝疆无。

1904年农历10月10日，是慈禧太后七十岁生日，她不顾人民的死活，无耻地强令全国为她祝寿，给国家和民族造成巨大灾难，

一些无耻文人，大献“一人有庆，万寿无疆”等媚语，作者将其变成“一人歌庆有，万寿祝疆无”，不但完全符合历史事实，而且语言辛辣，笔锋犀利，对比巧妙，其修辞效果妙不可言。

4. 列锦对，即全用名词作对联。如陆游的一联：

楼船夜雪瓜州渡；

铁马秋风大散关。

有些列锦对，拆成单字依然全是名词，如：

鸡声茅店月；

人迹板桥霜。

这样的对联，意象特别鲜明。全用名词构成对联，并不算太难，如：茅舍柴门糠菜饭，秋风夜雨豆油灯。难的是要像上面两联那样，既有高远的境界和气象，又有纯正的韵味和情趣。

5. 偏旁对。如：

烟锁池塘柳；

炮镇海城楼。

传说清朝一文士早起散步，只见晨雾如烟，笼罩着池边翠柳，偶得上联，奇巧的是，此五字的偏旁正好是金木水火土五行，却一直对不出妥帖满意的下联。直到近代有人游广州镇海楼，又见了古炮台雄姿，才对出了下联“炮镇海城楼”。还有一上联，七字全是宝盖头，被称为绝对，一小学老师则很快以七个走之字对出。全联如下：

寂寞寒窗空守寡；

邂逅边途远迎逑。

此联对句虽然音律稍逊，也算难得。有人说，这些没用，没什么意义，反对的人问道，阿迪地在长江高空走钢丝，又有什么意义？其实那意义都是一样的：挑战极限，创造奇迹，追求更高更快更强和更难，拓展生存和艺术空间。

6. 无情对

无情对的特点是：单纯就句意而言，上下联意思毫不相干，但如分解成单字，按字义词义词性考虑，对仗又极为工整，从而产生奇妙的趣味。如明朝朱棣和解缙的无情对：

色难；

容易。

朱棣对解缙说，我有一上联“色难”甚为难对，解缙应声说道：“容易。”良久，朱说：既云易，为何久不对？解说：臣已对了。朱始恍然。“色”对“容”，“难”对“易”。真乃精彩巧妙。

又如明朝李东阳的一副对联：

庭前花始放；

阁下李先生。

初一看，上下联风马牛不相及，细究起来，“庭前”对“阁下”，“花”对“李”，“始发”对“先生”。字字皆有双关妙趣，对得极为工整。再如无名氏的妙联：

公门桃李争荣日；

法国荷兰比利时。

此联亦有浓厚的对趣，是典型的无情妙对。还有李东阳的自题联也妙得可以：

李东阳气暖；

柳下惠风和。

7. 谐音对

这是指同音不同字，或者同音同字而不同义构成的趣联，如：

狗啃河上骨；

水流东坡诗。

苏轼与佛印泛舟，东坡手指河上一黄狗正在啃骨头，大笑不止。佛印顿然省悟，随手将题有东坡诗的扇子抛入水中，两人面面相觑，不禁大笑起来。原来这是一副奇妙的谐音双关哑联。上联谐"狗啃和尚骨"。下联谐"水流东坡尸"。

下面看一个极为实用又极为有趣的对联：

闲人免进贤人进；

盗者莫来道者来。

表明这里只欢迎有知识有道德之人，话说得极为巧妙。

下面看一副小童生对狂秀才的对联：

稻粱菽，麦黍稷，这些杂种，哪个是先生；

诗书易，礼春秋，许多正经，何必问老子。

说的是狂妄秀才，经过一学堂，想要先生出来听自己的高论，就说出上联故意问学生。一童生听了，不慌不忙上前对出下联。众人哈哈大笑，秀才面红耳赤。

请看一副新婚联：

月朗星稀，今夜断然无雨；

天寒地冻，明朝必定成霜。

传说这是为苏小妹与秦观成亲作的婚联。妙事虽然没有，佳对委实难得。无雨谐"无语"，成霜谐"成双"。

再看明代蒋焘的青山绿水对：

绿水本无忧，因风皱面；

青山原不老，为雪白头。

无忧却皱面，不老竟白头，有味有趣。

下面看金圣叹的谐音名联：

莲籽心中苦；

梨儿腹里酸。

莲籽谐“怜子”，梨儿谐“离儿”。可怜天下父母心，巧极妙极。

再请看明代陈洽父子的谐音对：

两船并行，橹速不如帆快；

八音齐奏，笛清难比箫和。

陈洽一日随父散步江边，江上一橹船和一帆船并行，你追我赶。父见状吟出上联。八岁童子陈洽听到远处飘来箫笛之声，亦对出了下联。橹速帆快谐“鲁肃”和“樊哙”，笛清箫和谐“狄青”和“萧何”。一联谐四位名人，智商可谓高矣。而下面一联，却谐出六位名人：

身居宝塔，眼望孔明，怨江围实难旅步；

鸟在笼中，心思槽巢，恨关羽不得张飞。

此联以窗孔明亮之孔明谐诸葛“孔明”，以江水围绕之江围谐“姜维”，以旅步谐“吕布”，以槽巢谐“曹操”，以关闭羽翼之关羽谐“关羽”，以展翅腾飞之张飞谐“张飞”。作者用眼前六种实景谐出三国六位名人，确切妥贴，饶有佳趣，只是亏他想得出来。这类对联中，最值得一说的当数刘师亮的一副谐音联：

民国万税；

天下太贫。

作者利用谐音将颂语谐成辛辣的讽刺和猛烈的抨击，艺术上的巧妙性和思想上的尖锐性完美结合在一起，既有强烈的战斗性，又有浓厚的趣味性。该联在四川乃至全国都有很大影响，长期以来，能稳坐艺术的大雅之堂。

8. 嵌名联

即将地名或人名嵌入联中，形成浓烈的情趣。先看将二字分别嵌在句首的，如：

花学红绸舞；

径开锦里春。

这是郭老撰写的，挂于杜甫草堂“花径”入口，别有一番情趣。郭老还在桂湖撰了一联：

桂蕊飘香，美哉乐土；

湖光增色，换了人间。

此联亦妙。下面看开明书店联。

开来而继往；

明道不计功。

开明书店建于1926年，为新中国成立前六大书店之一。店名嵌于联中，寥寥十字，概括了该店的出版特点和奉献精神。下联出自《汉书董仲舒传》：“正其谊不谋其利，明其道不计其功。”也有将名字嵌入句尾的，如地藏庵联：

于诸佛中出头地；

是造物之无尽藏。

而西湖仙乐酒家联，就多处嵌入“仙”“乐”：

翘首仰仙踪，白也仙，林也仙，苏也仙，

我今买醉湖山里，非仙也仙；
及时行乐地，春亦乐，夏亦乐，秋亦乐，
冬来寻诗风雪中，不亦乐乎。

真是乐山乐水天天乐，仙酒仙家处处仙。

9. 集语集句联

即选用现成的词语或诗文句子构成对联。先说用成语构成的对联，集成语为联不难，我都集过上百联，可见易如反掌。但能集成既新鲜又巧妙的，却难而又难，我佩服的一是：望梅止渴，画饼充饥。二是叶圣陶题湖南长沙天心阁联：天高地迥，心旷神怡。后一联还是嵌名联。此两联都收进了国学丛书对联集，自然当之无愧。而我个人更喜欢陈寅洛的成语联：

见机而作；
入土为安。

抗战时期，国学大师陈寅恪在川任教，日寇常常空袭，难民纷纷躲避，先生以此为对。机：飞机。作：动作起来。安：安全。只有死了（入土），才会安全。意趣豁然，显示出一种无奈的幽默。也只有大师，才有此等机智，此等创意。集句联那就更多了，无须多举，只说我以为最有趣的，如纪昀的古文诗句联：

太极两仪生四象；
春宵一刻值千金。

上联出自《易・系辞上》："是故易有太极，是生两仪，两仪生四象。"下联出自苏轼《春宵》诗："春宵一刻值千金，花有清香月有阴。"此联还有这样一种说法：一道士娶妻，友人欲作联为贺，因为是道士新婚之趣事，人们自然想出了上联，但对不出下联，纪昀得知，张口即成，字面相对严整，又切合新婚情境。大手笔就是不同，能以八竿子打不着的，一庄一谐的两个事情凑成两个句子。信手拈来，竟成巧对妙对，真是滑稽者演绎滑稽戏，滑稽笔趣撰滑稽联。

10. 顶针回文对

先说顶针对，即用顶针修辞手法写成的对联，如：

大鱼吃小鱼，小鱼吃虾，虾吃泥，泥干水尽；

朝廷刮州府，州府刮县，县刮民，民穷国危。

以强凌弱，鱼肉百姓，是旧社会官府的真实写照，生动形象，尖锐深刻。下面看回文对：

客上天然居，居然天上客；

人过大佛寺，寺佛大过人。

这是乾隆和纪昀撰写的对联，选入中华国学百部丛书，名为君臣妙对联。此联属回文对，正读倒读皆可，不害文义，不失平仄。联语巧用店名、寺名，论联艺有巧夺天工之妙，确为千古佳对。但清末有一书生，仍嫌此联对句不足，以“僧游云隐寺，寺隐云游僧”替代，的确高人一头，更加妙趣横生。苏轼题金山寺有联云：

桥对寺门松径小，巷当泉眼石波清；

清波石眼泉当巷，小径松门寺对桥。

此联以金山寺实景为之，栩栩如生，如诗如画，更属难得。

11. 转品对

通俗点说，就是多音多义对。如：

一碗清茶，解解解元之渴；

七弦妙琴，乐乐乐府之音。

传说解缙游山口渴，就走进草庐要茶喝，老翁问他是何人，答曰“吾解缙解元是也”。翁说，你就是对联专家解缙？要喝茶，请先对出下联，解缙知道老人姓乐，曾是乐府的官员，墙上还挂着七弦琴，于是立刻对出了下联。此联中“乐”字的三声三义，正好对“解”字的三声三义。真妙不可言。下面看山海关姜女庙联：

海水朝朝朝朝朝朝朝落；

浮云长长长长长长长消。

此联传遍天下，尽人皆知，不用多说，来看赠刘兰芳联：

传传传传传古传传传传韵；

调调调调调新调调调调腔。

此联要这样读：

船撰，船撰，船古撰，船撰船韵；

条吊，条吊，条新吊，条吊条腔。

正是：

汉字巧，妙联巧，趣味佳篇天下巧；

文人高，才子高，风骚雅韵世间高。

下面看刻字店联：

六书传四海；

一刻值千金。

六书：即六体，《汉书·艺文志》云：“六体者，古文、奇字、篆书、隶书、缪篆、虫书，皆所以通知古今文字，摹印章，书幡信也。”下联取苏轼诗“春宵一刻值千金”，而去其时刻之义，取雕刻之刻的动词义。有移花接木之妙。

12. 拆字联

独特的汉字多由若干独体字构成，从而形成独有的拆字联。如：

此木为柴山山出；

因火成烟夕夕多。

据说是清人王尔烈赴考，路遇樵翁，翁指柴说出上联索对，王略一思考即对出，确切工整，自然天成，巧思难得。

下面看一则大家熟悉的对联：

冰冷酒，一点两点三点；

丁香花，百头千头万头。

电影《三笑》中有一副拆字联：

十口心思，思国思君思社稷，

八目尚赏，赏风赏月赏秋香。

此联颇为有趣。十口为田，田心为思，口中思社稷；八目成贝，尚贝成赏，目里赏秋香。此联充分表现了唐伯虎的风流和才华，有道是风流未必皆才子，古今才子尽风流。下面看一则怪联：

彭老者一身土气；

朱先生三个牛头。

传说朱先生去会彭老者，却只有其幼子彭而述在家，朱早就知道此孩聪明，就出了上联要他对，小彭应声对出。“彭老者”三字都含一个土字，故曰一身土气，出句甚奇。下联“朱先生”三字又都有一个牛字字头，自然是三个牛头了，对句更妙。还有揭露贪官吴省钦文的对联：

横批：口大欺天，

上联：少目焉能评文字；

下联：欠金安可望功名。

口大欺天，既揭露其指鹿为马，骄横盖世的霸道，又暗指一“吴”字；少目，既揭其分不出文章好坏，没有眼光，不学无术，又暗指一“省”字；欠金，既揭其贪婪凶狠，钱给少了就休想得到功名，又暗指一“钦”字。此联把直棣学政吴省钦批得体无完肤，名声扫地。这类对联最让人称道的，当数讽刺旧社会的一副对联：

欠食饮泉，白水何能度日；

才门闭卡，上下无处逃生。

上联：欠食为“饮”，白水为“泉”，白水度日，只有等死；下联：才门一闭，上下一卡，上下无路，焉能逃生。从这类讽刺揭露的对联，我们可以猜出上自秦汉，下至明清，为什么历代统治者总是将剑锋指向有思想才华的文化人，上演出焚书坑儒和文字狱的惨剧？这些人还真令独裁统治者害怕。

13. 嵌数对

即嵌有多个数字的对联。先看王淳选编的一联单双巧对：

孤山独庙，一将军横刀匹马；

两岸夹河，二渔翁对钓双钩。

真巧得有趣，但横刀的“横”字似乎不如“单”字更妥些。再看一联：

一叶孤舟，坐了二三个骚客，启用四桨五帆，经过六滩七弯，历尽八颠九簸，可叹十分来迟；

十年寒窗，进了八九家书院，抛却七情六欲，苦读五经四书，考了三番两次，今日一定要中。

该联说的是一位秀才赴京赶考迟到了，考官令他从一到十作一上联，秀才就作了上述的上联，考官本想为难他一下，却没有难住，很不甘心，于是又令他从十到一作出下联，要与上联相对。果然秀才又出口成对。上联写了赶考千辛万苦，下联写出读书万苦千辛。合情在理，流畅自然，实属妙对。我想，考官可能顺水推舟，秀才也许因祸得福。我以为凡是对联，必须大体均衡，如悬殊太大，绝难称佳。上联可以稍逊于下联，而下联不可太逊于上联。来看报账巧对：

三竺六桥九溪十八涧；

一茶四碟二粉五千文。

据说郁达夫一日游杭州西湖，至茶亭进餐，面对近水远山，喜得佳句，却对不出下联。时逢店主一声报账，竟成妙对。上联尽是杭州实景，下联全为菜品实价。上述虽妙，我以为还属于小巧小技，纪昀贺乾隆皇帝五十寿诞联，却别具一格，可谓大笔大作：

四万里皇图，伊古以来，从无一朝一统四万里；

五十年圣诞，自兹以往，尚有九千九百五十年。

上联从皇家版图写起，盛赞乾隆的文治武功，业绩辉煌。下联从皇帝又称万岁入笔，已有五十年圣寿的乾隆，当然还有九千九百五十年的寿数。此联以数字的工对见奇，妙趣横生，时人称其“气象高阔，设想奇创”，“祁颂万岁，工慧绝伦”。真是越看越巧，越巧越趣，越趣越妙，越妙越难。难怪乾隆喜欢纪昀。同样巧妙的还有三十年后纪昀贺乾隆八十寿诞联：

八千为春，八千为秋，八方向化八方和，

庆圣寿八旬逢八月。

五数合天，五数合地，五世同堂五福备，

正昌期五十有五年。

六个“五”字对六个“八”字，对仗工稳，贴切典雅，充满喜庆。圣寿八旬逢八月，执政五十有五年，竟如天造地设，足可借鉴。

附妙联故事 39 则

1. 清朱应镐《楹联新话》言，清时有人与其友合作五十岁生日，撰联云：

与我同庚，忝居三日长；

得君知己，共作百年人。

同庚，即同年所生。忝，谦词。三日长，即比其友大三天。末句既可理解为两人合起来庆贺一百岁，也可理解为两人都要活到一百岁。

2. 魏寅《魏源楹联辑注》云，魏源幼时，见当地一举人喜抄人诗作对以为炫耀，颇憎恶之，时或予以揭穿。一日举人指着手提的烛灯出联要魏源对。联曰：

油醮蜡烛，烛内一心，心中有火。

魏源对道：

纸糊灯笼，笼边多眼，眼里无珠。

“心中有火”与“眼里无珠”均语带双关。“烛，烛”、“心，心”与“笼，笼”、“眼，眼”为连珠。

3.《评释古今巧对》云，秦观与苏小妹成婚之夜，苏小妹不知何故，决定不理秦观，并用如下一联表意：

月朗星稀，今夜断然不雨。

秦会意，并对下联：

天寒地冻，明朝必定成霜。

联语主要用双关法。月朗星稀者，无云也。无云加不雨，即不会云雨也。不雨亦谐不语。成霜，犹言成双。

4.《解人颐》云，明代解缙七岁时，随父出，见一女吹箫。父出句命对，曰：

仙子吹箫，枯竹节边出玉笋。

解缙应对道：

佳人撑伞，新荷叶底露金莲。

枯竹，箫也。玉笋，歌女之手也。乃比喻。金莲，乃脚之代称。两联极具形象。

5. 景常春《近现代历史事件对联辑注》载有挽黄花岗烈士温生才等人联，曰：

生经白刃头方贵，

死葬黄花骨亦香。

上联极具豪侠气，下联之“黄花”既指黄花岗，又指菊花，语带双关，且隐喻烈士精神不朽。

6. 相传清康熙年间，某年春节将近，康熙命大学士李光地写春联百副，以替换宫中原有的旧联。光地正为此事犯愁的时候，其弟光坡恰好来京，表示愿意代作。除夕那天，光坡以如下一联呈与皇上：

地下七十二大贤，贤贤易色；

天上二十八星宿，宿宿皆春。

康熙见后，大为赞赏。

七十二加二十八，正好一百，是以一副代百副也，可谓巧于用数。“贤，贤”与“宿，宿”为连珠。“贤贤”“宿宿”为叠词。七十二大贤，指孔子门下特别优秀的弟子。易色，有多解，按颜师古的说法为不重容貌。

7.《中国古今巧对妙联大观》云，湖南彭更曾出一上联在天津《智力》杂志上征对。联曰：

信是人言，苟欲取信于人，必也言而有信。

河南于万杰对道：

烟乃火因，常见抽烟起火，应该因此戒烟。

联语为析字对，“人”与“言”成“信”，“火”与“因”成“烟”。

8. 相传民国初年，重庆一酒家悬一瓶法国三星牌白兰地酒于门楣，征求对联，应对者甚多，老板总不满意。其时郭沫若还很年轻，闻讯赶去，想到四川有一道名菜，正可与酒相对成联，于是题道：

三星白兰地，
五月黄梅天。

一般只知“黄梅天”指气候而不知其是菜名，误认此联是“无情对”，其实一酒一菜，意思十分连贯。上联嵌商标名和酒名，下联嵌时间名和菜名。

9.《解人颐》云，唐伯虎与张灵常在一起喝酒。一日唐曰：

贾岛醉来非假倒，

张对曰：

刘伶饮尽不留零。

贾岛，唐代诗人。刘伶，西晋“竹林七贤”之一，嗜酒，曾著《酒德颂》。此联用了两种手法。“贾岛”与“假倒”、“刘伶”与“留零”音同字异，是为“混异”；“假倒”与“留零”为动宾词组，又可视为“贾岛”与“刘伶”的谐音拆字。

10.《对联话》载，民国初年，《长沙报》有龙龚二君任主笔，时人撰一谐联刊于《大公报》云：

龙主笔，龚主笔，龙龚共主笔；

马宾王，骆宾王，马骆各宾王。

龙龚二主笔，均未详。马宾王，即马周，唐初人，太宗时曾任监察御史。骆宾王，“初唐四杰”之一，其诗多悲愤之词，曾作《讨武曌檄》。联语的手法主要为析字，亦有重言和嵌名等。

11.《古今巧联妙对趣话》云，明代汤显祖新婚之夜，新娘出联曰：

红烛蟠龙，水里龙由火里去；

显祖久而无对。后见新娘穿的绣花鞋，遂得句云：

花鞋绣凤，天边凤向地边来。

因蜡烛上的龙是蜡烛做的，燃烧时同时烧掉，故言“由火里去”。因凤绣在穿于双脚的鞋上，故言“向地边来”。联话以矛盾统一见趣。

12.《联语》云，南京燕子矶武庙，至清末仅存一勒马横刀偶像。某人入庙见之而得上联云：

孤山独庙，一将军横刀匹马。

未得下句。后一赶考书生系船于江边时逢两渔翁对钓，遂得下联：

两岸夹河，二渔翁对钓双钩。

联语之巧在用数。上联之数全为一，而用“孤”“独”“一”“横”“匹”等变言之。下联之数全为二，而用“两”“夹”“二”“对”“双”变言之，使人不觉有雷同之感。

13.《纪晓岚外传》云，乾隆游泰山，至玉皇顶，见东岳庙北有弥高岩，出对要纪昀对：

仰之弥高，钻之弥坚，可以语上也；

纪对道：

出乎其类，拔乎其萃，宜若登天然。

联为用典。坚，深也。上联首二句本讲孔子之道，语出《论语·子罕》，此言泰山。下联首二句本讲孔子之伟大，语出《孟子·公孙丑上》，此亦言泰山。上下联首二句为自对，“之弥”与“乎其”为重言。

14.《评释古今巧对》云，唐伯虎幼时，一日随父外出，见一和尚带枷示众，与父言之，父出句曰：

削发又犯法，

伯虎对道：

出家却带枷。

“发”与“法”、“家”与“枷”音同而字异，是为混异。削发出家，与犯法带枷，相映成趣。

15.《楹联丛话》载，北京宣武门外赵象庵家，菊花最盛。一日刘金门等借园赏菊，主人求题新联。问主何好，答曰：“无他好，唯爱菊如性命耳。”金门信手书云：

只以菊花为性命；

一时无对。又问主人何姓，答曰姓赵，于是得下联：

本来松雪是神仙。

松雪，既为自然物与“菊花”相对，又为赵孟頫之号，是隐切赵姓无疑，对主人亦甚恭维。

16.清洪薛成《庸庵笔记》言，安庆有位十二岁的诸生叫孟昭暹，工诗文书法，尤善对。曾以“盘庚”对“箕子”名噪一时。适逢曾国藩驻兵安庆，闻其名而召见他。问其家世，知其祖亦是诸生，遂口占四字命对，曰：

孙承祖志，

对曰：

孟受曾传。

孟，本指孟子，此借指自己。曾，本指曾子，此借指曾国藩，无怪曾听后要“大加赞赏”了。联语自对后又上下联相对，非常工整。

17.《古今谭概》载，关儺其貌不扬。为推官时，一次过南徐（今镇江）。见一穿大红衣服的客人伸开腿坐着，有些傲慢的样子。关很有礼貌地上前相问。回答说，他是：

太子洗马高乘鱼，

过了好久，高回过头来问关。关答道，他是：

皇后骑牛低钓鳖。

高惊骇，问是何官。关笑着说：“不是什么官，不过是想与您的话对得真切罢了。”这种不管内容，只图对仗工稳的对联，乃无情对。

18.《名联谈趣》言，河南名酒“状元红”之代理商中庆公司和香港《商报》联合为状元红酒举行过一次征联。出联是：

千载龙潭蒸琥珀。

得对 1500 多条，获优异奖者共五联。其一是：

深宵牛渚下丝纶。

状元红已有 300 余年的历史，此言“千载”是一种夸张的说法。龙潭，在河南蔡县卧龙岗，状元红即以此泉水酿成。状元红色泽红润晶莹，形似树脂化石琥珀，故此以“琥珀”喻代之。

下联“深”虽不是数词，但有深必有浅，其中隐含有数。牛渚，地名，在安徽当涂采石矶。丝纶，既可解作钓丝，亦可解作皇帝的诏旨，此处喻指一种志向，即太公钓鱼，不在鱼而在社稷也。此对句堪为姣姣者。

19. 明末有史可法，坚守扬州，城破，不屈而死。又崇祯时兵部尚书洪承畴，降清苟且，朝野不齿。或撰一联曰：

史鉴流传真可法；

洪恩未报反成仇。

成仇，谐承畴，语带双关。联嵌史可法与洪承畴之名。

此联后被扩展成为：

史笔流芳，虽未成功终可法；

洪恩浩荡，不能报国反成仇。

联语虽有扩有改，基本意思和手法未变。

20. 相传宋代刘少逸幼时，一日随师往拜名士罗思纯。罗出对曰：

家藏千卷书，不忘虞廷十六字。

少逸对道：

目空天下士，只让尼山一个人。

虞廷，指舜的朝廷。相传舜为古代明主，故常以“虞廷”作“圣朝”的代称。十六字，指《书·大禹谟》之“人心惟危，道心惟微，惟精惟一，允执厥中”。宋儒将此十六字视为尧、舜、禹心心相传个人道德修养和治理国家的原则。尼山，本为山名，在山东曲阜，此代指孔子。联语用了用典和借代二法。刘少逸小小年纪在前辈面前竟以此种口气说话，令人震惊。

21. 相传旧时有一书生，衣食无着，一日饿极，伏于泉畔饮水充饥。一老秀才路过，见面问之曰：

欠食饮泉，白水何能度日？

书生答道：

才门闭卡，上下无处逃生。

联语用析字双关法。“欠”与“食”组成“饮”字，“白”与“水”组成“泉”字，“才”与“门”组成“闭”字，“上”与“下”组成“卡”字。

抗战时期，蒋介石政权层层克扣教育经费，加上通货膨胀，教职员工苦不堪言。某大学教师愤题如下一联：“欠食饮泉，白水何堪足饱；无才抚墨，黑土岂能充饥？”此联显然是老秀才联句之脱化和仿作，手法与前完全一样。

22.《中国古今巧对妙联大观》云，明万历年间，艾自修与张居正同科中举，艾名列榜末，旧称背虎榜。张嘲之曰：

艾自修，自修勿修，白面书生背虎榜。

艾当时未对出。张当上宰相后，相传与皇后有暧昧关系，艾抓住这一点，遂得了下联：

张居正，居正不正，黑心宰相卧龙床。

联语对得很工。两联先用嵌名，然后联珠（“自修，自修”与“居正，居正”）、重言（修、正）。

23.《笑笑录》云，唐伯虎为一商人写对联，曰：“生意如春意，财源似水源。”其人嫌该联表达的意思还不明显，不太满意。唐伯虎给他另写了一副，曰：

门前生意，好似夏月蚊虫，队进队出；

柜里铜钱，要像冬天虱子，越捉越多。

其人大喜而去。

蚊子、虱子，皆为嗜血动物，人人见而厌之。以此比喻生意和铜钱，形象不言而喻。此商人居然“大喜”，足见其无知与浅薄，联趣正在这里。此联除用比喻外，还用了重言（队，越）。

24.《解人颐》言，明代僧人姚广孝在街上遇到林御史，林曰：

风吹罗汉摇和尚。

姚对道：

雨打金刚淋大人。

罗汉，小乘佛教中理想的最高果位，仅次于菩萨一级。皆因是光头，故常用作对和尚的尊称。摇，谐姚。金刚，佛教护法神，因个头都塑得很大，故此用称“大人”。淋，谐林。联中用了嵌名和双关。

25. 清周起渭任江南主考，一日游碧波洞，见洞口右侧贴有如下一联：

乌须铁爪紫金龙，驾祥云出碧波洞口；

周起渭索笔对下联于左侧：

赤耳银牙白玉兔，望明月卧青草池中。

联以颜色见趣。上联含乌、紫、碧三色，下联则以赤、白、青三色对之。又嵌“紫金龙”“碧波洞”“白玉兔”“青草池”之名，极为形象。

26.《坚瓠集》云，常熟人桑民悦以才自负，居成均之时，为丘仲深所屈，遂入书院任教，书一联于明伦堂云：

文章高似翰林院，

法度严于按察司。

翰林院，官署名。清代掌编修国史及草拟制诰的机构，在其中供职的成员由每年考中的进士选拔。法度，此指学观。按察司，一省主管司法的最高机构。

此联仍是自负，真可谓文如其人。联语用借代，翰林院代翰林学士，按察司代按察司的法度。

27. 袁枚《随园诗话》载，清乾隆进士蒋起凤有一诗联云：“人生只有修行好，天下无如吃饭难。”后不知何人将其改作对联，曰：

人生惟有读书好，

天下无如吃饭难。

此联仅将蒋联之“只”改作“惟”“修行”改作“读书”，境界便大不相同。此种将别的诗词联句改动一下便出新意者，谓之“脱化”。“人生”二字，或作“世间”。“间”与“下”均为方位词，对得更工。但世间即是天下，有合掌之嫌，似又不可取。

28. 杜甫《闻官军收河南河北》一诗有句云：“白日放歌须纵酒，青春作伴好还乡。”清末，聂伯毅换下其下句以言袁寒云曰：

白日放歌须纵酒，

黄金散尽为收书。

又梁羽生任香港《新晚报》编辑，或投一联云：

白日放歌须纵酒，

黑灯跳舞好揩油。

下联形象地反映了香港舞场情况。揩油，借喻越轨行为。

29.《奇趣妙绝对联》云，旧时有一文人，因无钱贿赂而屡试不第，愤而弃文经商。一日在店堂挂一联曰：

主考秉公，公子公孙公女婿同登金榜。

旁加小注，谓凡应试不第者对上下联，该店聘为二掌柜。后有张生者，满腹诗书而名落孙山，返店时对出下联：

小生有怨，怨天怨地怨丈人不是朝官。

联语“公”字与“怨”字先连珠而后重言。上下联前后呼应，浑然天成，无情地揭露官场的黑暗腐败。

30.《奇趣妙绝对联》介绍，明代江西吉水人罗洪先乃嘉靖年间状元。一次与友人乘船到九江，遇一船夫出联请对：

一孤帆，二商客，三四五六水手，扯起七八叶风蓬，下九江还有十里。

罗未对上。一直到1957年，佛山市工人李戒翎找九江香木材，托8756号轮船自十里远处，第二日即运到。而1943年有人找此木材却整整一年才到货。有感于此，遂得下联：

十里运，九里香，八七五六号轮，虽走四三年旧道，只二日胜似一年。

31.《坚瓠集》载，清代朱亦巢幼善作对，其家附近田中有一巨石名石牛，旁有僧庵曰石牛庵。一日偶同父友某漫步至庵，某即出对曰：

石牛庵畔石牛眠，种得石田收几石？

亦巢对道：

金鸡墩上金鸡宿，衔来金弹值千金。

金鸡墩，亦当为附近地名。弹，谐蛋，语带双关。上下联皆嵌名，上联重言“石”与“牛”，下联重言“金”与“鸡”。

32.相传旧时有位学生想试探先生才学，傍晚时分，装着前来问字。时值先生关学堂门，学生出联云：

门内有才何闭户？

先生对曰：

寺边无日不逢时。

上联谓先生如果关门就是无才，下联言现在日已下山，本当关门了，学生你来得不是时候。两句都是寓意双关。而这种双关又是靠析字来实现的：“门”中加个“才”字正好是“闭”字，“寺”字边加个“日”字便是“時”（时的繁体）字。

33.《对联话》载，清代有施粥厂，施粥以济饥民。朱彝尊题一联云：

同是肚皮，饱者不知饥者苦；

一般面目，得时休笑失时人。

联语以对比手法写，颇合哲理。第二句之“饱者”与“饥者”、“得时”与“失时”为自对，“者”与“时”又为重言。

34. 清曾衍东《小豆棚》云，王梅读书有过目不忘之功，但二十年穷愁潦倒，只能于上肖寺寄读。一日外出，为一翁约至家中进食，见其女有怠慢之意，谓“人不患有司之明，当患吾学不成耳”，遂请女面试。女出句令对曰：“鸟惜春归，噙住落花啼不得。”王无对，谓女以此相扼。女谓王何不以此扼人。王出对云：

芍药花开，红粉佳人做春梦；

女知其谤己，应声对道：

梧桐落叶，青皮光棍打秋风。

两联皆用比喻。梧桐落叶之后，即成青皮光棍，在秋风中摇摆。光棍，乃无家无室之人。打秋风，旧指利用关系向人家取财物。下联影射王梅，同上联一样，皆语带双关，而刻薄则有胜于上联。

35. 清余得水《熙朝新语》云，浙江乾隆丙子科乡试，两主考，一姓庄一姓鞠。庄氏糊涂，鞠氏不谨。或嘲之云：

庄梦未知何日醒，

鞠花从此不须开。

试毕回京，鞠语人云：“杭人欠通，`如何鞠可通菊？”未答。再问之，答曰：“吾适思《月令》‘鞠（即菊）有黄花（即花）’耳。”鞠大惭，不久死去，人以为谶语。

上联用庄周梦蝶故事，暗指庄氏。下联出自杜甫《九日五言》

诗，以“鞠”代“菊”，暗指鞠氏。两联皆双关。

36.《坚瓠集》载，有两吏员候选典史，南者欲得北，北者欲得南，于是相争。主持者命对曰：

吏典争南北，南方之强欤，北方之强欤？

一吏对道：

相公要东西，东夷之人也，西夷之人也。

强，胜也。东西夷，指未开化地区。“南北”与“南”“北”，“东西”与“东”“西”皆为总—分结构。“东西”用其物件之义又借其方向之义，与“南北”相对，是为借对。“方之强欤”“夷之人也”又为重言。

37. 相传清代一捐官，不通文墨。到某地担任主考，不能阅卷，便将考生号码写置筒中，先出者为第一，依次类推，直到名额检满为止。有人作联嘲之云：

尔小生论命莫论文，碰！

咱老子用手不用眼，摇。

联语仿主考官的口吻来写，是为假称，又重言“论”“用”。“碰”“摇”二字尤其使人觉得滑稽。

此联尚有另一版本。“尔小生”作“尔等”，“咱老子”作“吾侪”。这个版本显得更雅，但“尔小生”与“咱老子”带点粗野，更能表达这位主考官的真面目。

38. 孙保龙《古今对联丛谈》云，郑板桥在淮县上任不久，一塾师前来告状，谓主人请他教学，议定一年酬金八吊，但年终未曾兑现。板桥疑塾师误人子弟，遂以大堂灯笼为题，出联曰：

四面灯，单层纸，辉辉煌煌，照遍东西南北。

塾师对道：

一年学，八吊钱，辛辛苦苦，历尽春夏秋冬。

板桥见塾师并非无能之辈，即判塾师为胜，并留其在衙办事。

联语用了叠词、自对及上下对句相对（以“春夏秋冬”四季对“东西南北”四方）等技巧。

39. 赏析岳阳楼名联

一楼何奇，杜少陵五言绝唱，范希文两字关心，滕子京百废俱兴，吕纯阳三过必醉。诗耶？儒耶？吏耶？仙耶？前不见古人，使我怆然涕下。

请君试看，洞庭湖南极潇湘，扬子江北通巫峡，巴陵山西来爽气，岳州城东道岩疆。潴者，流者，峙者，镇者。此中有真言，问谁领会得来？

此联用问答式手法，写出了岳阳楼的文化品位和洞庭湖的山川形势。作者借助名人典故、诗文名句、传说逸事，描情绘景，抚今追昔，抒发情怀，淋漓尽致，内涵十分丰富。排比法的运用颇富表现力，从各个角度有层次地反映了岳阳楼的传说佳话和四周形势景象，揭示了岳阳楼著名和雄伟奇特的原因。此联上联写得含蓄蕴藉，下联写得气势磅礴，读来令人荡气回肠。

作业：

搜集奇趣妙联若干，分析其技巧以及趣味何在。

活动探究一：联海集趣

对联，是我国一种独特的文学艺术珍品，迄今已有千余年的历史，它用简练的语言、工整对仗的格式，抒情言志、描物写景，以高度的概括性引人深思，寓教于乐。对联经过长期的发展和演变，已深入我国社会生活的各个层面、各个领域。现在这一古老艺术又呈现出欣欣向荣的局面，如春节贴春联、祝寿写寿联、行业开张贴行业联等。它以雅俗共赏的艺术趣味，积淀了中国传统文化的精髓。

1. 请同学们查阅、复习学过的古诗文，走访家乡的名胜古迹，编辑《对联集锦》小册子。

2. 针对自己的性格、爱好，为自己撰写对联，也可以应景即事，撰写几副对联。

3. 举办关于对联文化研究的交流会。

第二章　对联基础知识

第一节　声　律

一、概述

对联的声律之“声”是指汉字的声调，即平仄四声，“律”即规律、格律对联的声律，即对联中各字间声调安排搭配的格律标准。对联既是汉字作品（极少量非汉字对联自属例外），当然各字都有声调，问题是在各字间声调搭配要不要有一定的格律作为标准。过去一般都认为当然要有，现在则有人以为不要有任何定格，在评定对联的优劣时，声韵问题只可作为一项不重要的参考，其优劣可全凭评委或读者认定。这虽然是较极端的意见，但旧有的对联声律确实也受到挑战，缩小了阵地。一些征联的评委也就有了不尽相同的标准，至于对联作者中有意无意地突破旧声律的人更不在少数。

那么创作对联到底要不要有声律标准？这就要看声律的性质和作用如何了。字有不同的固定声调，这是汉字特有的现象。由此也就构成了汉语所特有的音乐美。有的语句琅琅上口，音调悦耳；有的语句诘屈聱牙，难以为听。汉语的声律美是其特有的优点，我们只有自觉充分地利用它、发扬它，决不应轻视它、忽略它。汉语从它诞生时就具有声韵特点，汉文学从远古的口头创作时期即具备了声韵之美。至南北朝时期，声韵之学诞生并成熟，出现了一些声韵学的专论，文人们开始高度自觉地运用声韵特点指导文学创作，出现了“四声八病”等声律；且除诗歌之外，散文中也出现了高度体现声韵美的骈文。当时刘勰在他的名著《文心雕龙》的《声律》篇中写道：“左碍而寻右，末滞而讨前，则声转于吻，玲玲如振玉；辞靡于耳，累累如贯珠矣。是以声画妍蚩、寄在吟咏，吟咏滋味，流于字句。”这就是说要用声韵变换的手段，以保证文学作品的音乐美。而其中自然要有一定的规律可循，也就是要讲声律。对联创作中的声律问题自然也有明确具体的声律标准。

对联声律的基本原理，可分为以下四个要点：一是平仄声的分辨，二是句内节奏的划分和节奏点平仄安排，三是多句联长短句式的组合方式，四是长联分句句脚平仄的安排。在叙述这四点之前，应当说明的是，对联文体声律要求的最低门槛甚至可能低到“上联以仄收，下联以平收”的地步（甚至个别历史名联还与之相反），所以我们应该注意区分“最好怎么做”和“必须怎么做”的差别，在鉴赏他人联作时尽可能放宽尺度，自己创作时则尽可能把严尺度。

1. 平仄声的分辨

平水韵的“平”与“上、去、入”三声，构成了古四声的平仄，现代汉语“阴平、阳平”和“上声、去声”则构成了新四声的平仄。我们处在一个变革的时代，新旧兼容，只是注意不要新旧混用即可。

新旧四声的使用还有一些细微的要求：在一些庄重、典雅的场合，一些具有历史文化积淀较深的场合，在对外交往的场合，或是创作将要长久保存的联语，撰联时最好用古四声。而在一些较随意、较新潮以及面对青年学生的场合，联语不妨用新四声。

2. 句内节奏的划分

任何联句都要先划定句内节奏，目的是在划定节奏后，再按照平仄大致相间的原则安排节奏点上的声调，再按平仄严格相对的原则安排对句节奏点的平仄。

对联句内节奏的划分，与格律诗、词、曲、骈文、古文都有不同，但兼有上述各种文体的语言特点，越是接近诗词的节奏特点，其语言的韵律感越强；越是接近骈文和古文的节奏特点，其语言的韵律感就越弱。为了把各种节奏方式统一于一个原理之下，下面试从汉语韵律学的角度将对联语言的节奏进行系统的分析梳理。

句内节奏指一句话中硬性规定的停顿次数，或是自然产生的停顿次数。其中硬性规定的停顿称为"声律节奏"，语气自然的停顿称为"语意节奏"。

联句中的每一次停顿，称为一个"步"，每个步通常由两个汉字组成，这称为"标准步"；但有时也会由一个字构成步，称为"残步"；极少数的情况下，还会由三个字组成一个步，这称为"超步"。任何联语的句内节奏均是由这三种步不同组合的结果。

三字句的平仄无定式，一般能避开三仄或三平即为合度。

四字句的平仄格式正格为"平平仄仄"对"仄仄平平"，因为标准音步的第一个字可不论平仄，所以更为讲究的作者常常用"仄平平仄"对"平仄仄平"。四字句以四平对四仄的情况十分罕见，一般作者很少使用，但若遇到固定词组时，也可通融使用。四字句偶有一三节奏，此时只需严守第四字的平仄即可，能使第一字的平仄相对当然最好。一三节奏能分成一二一节奏时，最好第三字和第四字的平仄相反。

二二节奏的四字句前面，加上一个标准音步，则成为正格的六字句。正格的四字句与六字句，是骈文的常用节奏，故可称为骈文句式。

四字句正格之后或之间加上一个残音步，即成五字句的正格；五字句前加一个标准音步则成七字句的正格，五、七言正格是格律诗的标准句法，故可称为律诗句式。

五言律诗句式，若是四字句之后加一个残音步，就形成“二二一”节奏，平仄格式便形成“仄仄平平仄”对“平平仄仄平”；若是四字句中间加一个残音步，就形成“二一二”的节奏，平仄格式便为“平平平仄仄”对“仄仄仄平平”。因为五七言律诗句式刻意避忌三平尾，所以中间残音步的声调必须与后一音步相反。

七言律诗句式，可以由五言前面增加一个标准音步构成，也可以由六字句最后一个音步之后或这前加上一个残音步得来。

在四字句正格之前加一个残音步，即得到一四节奏（也即一二二节奏）的五字句。六字句正格的第一音步之前或之后，加上一个列音步，即可得到三四节奏（或一二二二节奏或三二二节奏）的七言句，这两种五七言句式因为古典词曲中经常使用，故可称之为词曲句式。这类五字句的第一字可作为一字逗而不论平仄，只须与三、五两个节奏点的平仄相反即可。三二二节奏的七言句，前三字尽可能避开三平或三仄，后四字须注意音步的平仄相反。

六字以上乃到十数字的句子，中间随意穿插标准音步、残音步以及超音步，则构成千变万化的古文句式，这类句式因为韵律性较弱，可以允许不超过两个相邻的音步，平仄不相间。多数情况下，残音步可以不参与音步间的平仄相替。

对联很少见一字句和二字句的情况，即便偶尔出现，因为不存在音步的交替问题，故音调上较为自由。

3. 多句联长短句式的组合方式

多句联指两个分句以上的对联，各分句的字数分配，也即长短句式的组合方式，也是对联声律方面的一个重要讲究。对于这个问题，历史上对联大家各有心得，但对联理论书籍罕有探讨。

由两个分句组成的联语，最短的应该是六言联，一般分为两个三言句，也有“二言 + 四言”的分法。如：“厚性情，薄嗜欲；直心思，曲文章。”“悲哉，秋之为气；惨矣，瑾其可怀。”

四四句式的八言联，是两分句对联中常见的格式。九言联则有四五句式和五四句式两种。四七句式和五七句式的两分句联结构工稳并富有方正堂皇之气，所以在联史上应用最多。七七句式的联语偶有出现，但通常应注意两个七字句要有句内节奏变化，一个四三节奏，另一句就应三四节奏。

三分句联以五四七和四四七句式居多。三分句以上对联应用自对较多，尤其是超长对联，几乎必须要用多处自对以调节全联的节奏感。三分句或四分句联语，若自对安排在前两分句，传统上有“虾须格”之名，若对联安排在后两个分句，则有“燕尾格”之名。两句式的自对和三句式的鼎足对，一般在第一句首安排一字、二字或三字的“领格字”，领格字不计平仄。

四分句以上长联，句式变化甚为繁复，但不同的组合会呈现出不同的节奏感，适于表达各种不同的思想情感，作者多体味古人名作，自会有所感悟。节奏安排好的长联，读起来有短联的感觉，这说明句式组合安排上已臻于天衣无缝了。

不合理的句式安排模式，会造成节奏感的沉闷和拖沓；合理的句式组合方式，会有效改善对联的节奏感，提高联语的艺术感染力。但若是走到极端，硬性把某些句式组合方式固定为“对联谱”，则也大可不必。

4. 长联分句句脚平仄的安排

多分句联各分句句脚的平仄安排是，上下联相对应分句的句脚应该平仄对立，这是必须严格遵守的规则，至于单边联语内部，各分句句脚的平仄排列格式，目前有四种模式可供选择。

1 平仄单交替式：即单边各分句句脚采取一平一仄交替的方式，此方式源于律诗，最早产生在明代，李开先的长联中多有采用，清代也有不少联例。

2 平仄双交替式：即单边各分句句脚采取两平两仄交替的方式，此方式源于骈文，因骈文系四六句两两对仗，以四分句为一个对偶单元，一个单元内会形成“仄平平仄”这样一个周期，骈文由很多个这样的单元组成，故全篇句脚的声调便形成了“仄平平仄仄平平仄仄平平仄……”这种“平顶平、仄顶仄”的双交替的格式，这种句脚安排格式于清代被引入长联创作，当代人称之为长联句脚的“马蹄韵”格式。

3 多平一仄式：上联除句尾为仄外所有句脚均以平收，下联反是。此说出自民国吴恭亨《对联话》（卷七）：“忆予垂齠时请业于朱恂叔先生，研究作联法，问句法多少有定乎？曰：‘无定。昌黎言之，高下长短皆宜，即为联界示色身也。’又问：‘数句层累而下，亦如作诗之平仄相间否？’曰：‘非也。一联即长至十句，出联前九句落脚皆平声，后一句落脚仄声，对联反是，此其别也。'”此方式只在对联文体中出现，最早见李开先五分句联用此格式，清代后应用渐多。因出于朱恂叔的传授，当今联界习惯称之为“朱氏规则”。

4 分节粘接式：把长联按联意的表达分成若干“节”，每节短至一句，长至四句。节内各句脚一般为：一句平仄皆可，二句则一平一仄，三句则两仄一平或两平一仄，四句则“仄平平仄”或“平仄仄平”。节与节之间相粘，即上一节最后的句脚与下一节第一个句脚同声调。此规则出自民国蔡东藩《中国传统联对作法》：“至若增长联对，以七句、八句、九句、十句成联者，或分三节、四节、五节，大致可以类推，不再引证。总之，联对愈长，节数愈多。每节自一句起，至四句止，上节末句煞脚字音为平声，则下节起句之煞脚字音仍应用平声，其用仄声亦如之。惟出联结束句，总应用仄声字煞脚；对联结束句，总应用平声字煞脚：此固联对之通例也。”当长联严格按四句为一节时，此格式与“平仄双交替式”等价，严格以两句为一节时，则能产生“平仄单交替”和“平仄双交替”两种效果。在每节句数参差不一时，此方式句脚平仄安排看似无规律，但因句脚平仄安排与联意密切配合，其合理性反倒比以上三种规范的格式为优。此方式分长短不一的“节”来论平仄，似源于词和曲；各节之间的粘接则源于律诗和骈文。

总之，对联文体“平仄对立”的要求，以句尾字最为重要，分句句脚字次之，句内平仄再次之。上下联对应之句尾、句脚、句内节奏点的平仄相对应严格遵守，而句内节奏点、句脚的平仄交替则可以有条件地适当放宽。

二、原则

通过上面的讲解，我们可以总结成如下规则：

1. 楹联用字可遵循“古音”，也可遵循“今音”。但是，在同一副联里，只能遵循其中一种，古今音不得混用。

2. 今音依照《中华新韵》，普通话中的一二声称为“平”，三四声称为“仄”。

3. 古音依照《平水韵》，阴平和阳平归为平，上去入三声统统归为仄。基础知识毋须讲道理，更多其他的概念，基本没有什么实用价值。

技巧提示：若是想运用古音作联，刚开始最直接的办法莫过于收藏一个“古今音平仄对照显示器”，现用现查，比什么理论和概念都实用一百倍。时间长了，自然会记住许多古音字。

最新推出的楹联通则，明确取消了“孤平”“孤仄”等声律禁忌，使得声律规则越来越简单，我们行文的空间也越来越宽松。

三、联律规则详解

目前，最基本的联律规则可总结归纳为5项，即：仄起平收；同句中偶数位平仄交替；上下联偶数位平仄相对；一、三、五不顾；忌三平尾、三仄尾。

例句：

上联：春蚕 到死 丝方 尽

1 2 3 4 5 6 7

平平 仄仄 平平 仄

下联：蜡炬 成灰 泪始 干

1 2 3 4 5 6 7

仄仄 平平 仄仄 平

通过这副楹联，我们可以看出上下联的平仄排布有以下几个规律：

1.仄起平收

上联尾字为仄音“尽”，下联尾字为平音“干”。上联以仄音收尾，下联以平音收尾，叫作仄起平收。

2.同句中偶数位平仄交替

上联中，2位“蚕”为平、4位“死”为仄、6位“方”为平；下联中，2位“炬”为仄、4位“灰”为平、6位“始”为仄。可见，在一个单句中，2、4、6等偶数位上的平仄是交替变换排布的。这个规则叫作平仄交替，如果违反这个规则，则称之为“失替”。

一般来说，一至七言的联句，在同句中都要遵循偶数位平仄交替规则。

3.上下联偶数位平仄相对

上联2位为平音“蚕”、下联2位为仄音“炬”；上联4位为仄音“死”，下联4位为平音“灰”；上联6位为平音“方”，下联6位为仄音“始”。可见，上下联之间在偶数位上的平仄是刚好相反的。这个规则叫作平仄相对，如果违反这个规则，则称之为“粘律”。

4.“一、三、五不顾”原则

我们注意到，例句中，不但偶数位的平仄遵循着同句交替和上下相对的规则，连奇数位也遵循着同句交替和上下相对的规则。原来，这个例句，是“一、三、五不顾原则”问世以前的马蹄韵标准格式，我们称之为声律“正格”。

“一、三、五不顾原则”的出现，对声律正格进行了变通，把对联句的平仄排布规律只限定在偶数位上，而放弃了对奇数位的限定。

例句：

上联： 琴悠梁上绕（网友蕉墨如云）

1 2 3 4 5

平平平仄仄

下联： 诗冷酒中沉 （网友一剑）

1 2 3 4 5

平仄仄平平

从以上对联可以看出，上联1位“琴”与3位“梁”并没有进行平仄交替，下联的1位“诗”也并未与上联的1位“琴”平仄相反；而上下联中的2、4、6位，却无不遵守着同句交替和上下相反的规则，既未“失替”，也未“粘律”。因此，在“一、三、五不顾，二、四、六分明”的原则下，这是合律的。

5. 忌三平尾、三仄尾

联句尾部的三个字，如果全部是仄音，则称之为“三仄尾”；如果全部是平音，则称之为“三平尾”。二者都是楹联声律的禁忌。比如，春蚕到死丝方“尽”，如果改成：春蚕到死丝方“完”，则丝、方、完三字皆为平音，称为三平尾。蜡炬成灰泪始“干”，如果改为：蜡炬成灰泪始“尽”，则泪、始、尽三字皆为仄音，称为三仄尾。新的楹联通则明确规定了“三平尾”和“三仄尾”皆为楹联声律禁忌。

只要掌握了上面最基本的五项规则，做到避免“失替”“粘律”“三仄尾”“三平尾”，便足可应付大多数七言以内的联了，一般情况不会出现“出律”问题。

在一、三、五不顾原则推行以后，特别是新通则出台以后，楹联声律“正格”“变格”的概念其实已经失去实际意义，变得无足轻重，这里就没有必要一一列举了。

四、“领字”的声律规律

先看一联：

读书经世即真儒，遑问他一席名山，千秋竹简；

仄平平仄仄平平，平仄平仄仄平平，平平仄仄

学佛成仙皆幻相，终输我五湖明月，万树梅花。

——毕沅自挽联

仄仄平平平仄仄，平平仄仄平平仄，仄仄平平

读者也许会问：上联二分句“遑问他一席名山”的格律是“平仄平仄仄平平”，第二位的“问”与第四位的“一”都为仄，如果按照上面讲的声律规则，这个上联不是失替了吗？

其实不然。因为，这副联中的“遑问他”和“终输我”，属于“领字”。领字，是指在一个联句里面起统领作用的字、词或短语。当一个联句引入领字之后，我们便不能再对联句用一般的联律来要求。《联律通则》第四条规定：“使用领字，在上下联相应位置要一致，允许不拘平仄相反律，且不与被领词语一起计节奏。”也就是说，含有领字的联，领字本身的格律不受约束，而是看去掉领字之后剩下部分的格律。

再比如：

赞蕉墨如云《巴山冬景》联：

洒洒洋洋，似这般雄浑笔墨，偏画成灵山秀水；

真真切切，凭如此火热胸襟，怎盛得雪地冰天？（网友一剑）

联中的似这般、凭如此，也是领字，这时，上下联二分句中的声律规则限制便仅对“雄浑笔墨”和“火热胸襟”有效。

另外，联句中还有一种特殊的字词跟领字的性质一致，我们姑且称之为“连”字。

例如：

落霞与孤鹜齐飞，秋水共长天一色 ——王勃

不难看出，这里的“与”和“共”，也是单独的，不能与相邻的字一同计节奏，而是要看除去两字以外剩下部分的格律。

落霞孤鹜齐飞　　秋水长天一色

这样看，就符合平仄交替和相对的规则了。

五、句脚声律规则

我们知道一分句联句脚声律规则是仄起平收，那么两分句或更多分句的联，句脚声律是不是也有特定的规则呢？

有。多分句句脚平仄一般遵循“马蹄韵”规则，也就是“仄顶仄，平顶平”的规则。如马之行步，后脚总是踏着前脚的脚印走，每个脚印都要踏两次。若一边的脚为平，另一边脚为仄，左右轮替，那么“平平”之后便是“仄仄”，“仄仄”之后又是“平平”。鉴于后脚最初站立点与立定时前脚站立点并无后继，所以起句和末句的句脚一般都是单平或者单仄。

由此得出上联句脚规则如下。

一：仄

二：平仄

三：平平仄

四：仄平平仄

五：仄仄平平仄

六：平仄仄平平仄

七：平平仄仄平平仄

八：仄平平仄仄平平仄

以此类推 .... 平平仄仄平平仄

我们可以发现一个规律，就是上联的最后一句为仄，往前依次两平再两仄，这样我们写上联时就可以从后往前截取，让最后一分句尾字为仄，倒数第二句和倒数第三句尾字为平，再前面两句尾字为仄，以此类推。

下联的句脚平仄与上联相反。

以上列举，为句脚韵之正格。在这个正格基础上再采取一、三、五不顾的原则，就成了变格。变格没有正格铿锵有力。

一分句例：

月写个文疏映竹；

仄

山行之字曲通花。——钱大昕自题联

平

二分句例：

揽胜我长吟，碧落此时吹玉笛；

平 仄

学仙人渐老，白头何处觅金丹。——[毕沅] 黄鹤楼太白亭

仄　　　　　平

三分句例：

铁面无私，凡涉科场，亲戚年家须谅我；

平　　　平　　　　　仄

镜心普照，但凭文字，清奇浓淡不冤渠。——[朱珪]学使署联

仄　　　仄　　　　　平

四分句例：

三年灯火，原期此日飞腾，倘存片念偏私，有如江水；

仄　　　　　平　　　　　平　　仄

五度秋风，曾记昔时辛苦，仍是一囊琴剑，重到钟山。[汪廷珍]至公堂

平　　　　　仄　　　　　仄　　平

五分句及以上是同样的规则，这里不再列举。

补充说明：

按照新楹联通则的规定，声律规则中，还包括“意节说”。由于其涉及语法的更深层面，且在很大限度上依赖语感，因此对于初学者来说难以掌握，若是盲目接触，很可能陷入更深的迷茫之中。

好在“意节说”不是对楹联声律的另一重限制，而是对声律尺度的一种放宽，即便暂时不去认识它，也不会妨碍我们正常写联。

因此，本帖暂不涉及“意节说”，同时，也不提倡初学者过早地去接触这样抽象的理论。

第二节 修 辞

对联是中华民族优秀的文化艺术瑰宝，它构思精巧，妙趣横生，耐人寻味，雅俗共赏。各种不同类型的修辞手法，更为它增添了动人的魅力。在此，我们对对联中常见的修辞手法加以梳理，希望有助于大家对对联的鉴赏和学习。

一、对偶

对偶是对联最基本的修辞手法，可以说，没有对偶就没有对联。我国近体诗中的律诗，中间两联必须对偶，其实，都可以看作广义的对联。特别是被称为古今律诗中的压卷之作的杜甫的《登高》，不但中间两联对仗工稳，首联的“风急天高猿啸哀，渚清沙白鸟飞回”更是精彩的对偶。

二、对比

对联中处处有对比，两两对比，相映成趣。如：

金不换，石敢当。

诗堪称弟子，酒不让先生。

诗堪入画方称妙，官到能贫乃是清。

鸡犬过霜桥，一路梅花竹叶；燕莺穿绣幕，半窗玉剪金梭。

三、比喻

在修辞之林中，比喻是参天大树，精彩之妙联常常结合运用。如：

风吹马尾千条线，日照龙鳞万点金。

藕入泥中，玉管通地理；荷出水面，朱笔点天文。

学如逆水行舟，不进则退；心似平原走马，易放难收。

四、拟人

拟人手法的运用，使对联诙谐幽默，更富情趣。如：

螃蟹浑身甲胄，蜘蛛满腹经纶。

白鸟多情留我住，青山无语看人忙。

青山有幸埋忠骨，白铁无辜铸佞臣。

墙上芦苇，头重脚轻根子浅；山间竹笋，嘴尖皮厚腹中空。

五、双关

对联中或用谐音双关，或用语义双关，往往能言在此而意在彼，有一箭双雕之妙。如：

两船并行，橹速不如帆快（鲁肃不如樊哙）；

八音齐奏，笛清难比箫和（狄青难比萧何）。

蔺相如，司马相如，名相如实不相如；

魏无忌，长孙无忌，尔无忌我亦无忌。

六、排比

排比常常被运用到长联中，使对联内涵丰富，气势雄壮。如岳阳楼长联：

一楼何奇？杜少陵五言绝唱，范希文两字关情，滕子京百废俱兴，吕纯阳三过必醉，诗耶？儒耶？吏耶？仙耶？前不见古人，使我怆然涕下；

诸君试看，洞庭湖南极潇湘，扬子江北通巫峡，巴陵山西来爽气，岳州城东道崖疆，潴者，流者，峙者，镇者，此中有真意，问谁领会得来。

七、夸张

对联中使用夸张，往往使人神飞天外，耳目一新。如：

猛虎一杯山中醉，蛟龙两盏海底眠。

顷刻间演出千秋事业，咫尺地囊来万里河山。

天作棋盘星作子，谁人敢下？地为琵琶路为弦，哪个能弹！

除了以上几种修辞手法之外，设问、顶真、反复、回环等多种修辞手法在对联中的运用也屡见不鲜，兹不赘述。下面就几种在对联中经常出现的现象（不是修辞）做一个简单的介绍，希望能对学习对联创作的人有所帮助。

1. 问答法

由于对联有着排偶特点，上下两联之间互为相关，采取一唱一和的“问答法”，较为方便。运用这一手法，要求联词结构严密，呼应自然，从一呼一应中阐明主题思想。它的作用主要是：一方面把抽象的东西通过具体形象表达出来；另一方面用“答”对“问”，便于引起人们的注意和思索，从而达到深刻显示事物本质的目的。

从前，有人通过在戏台演戏中的情景，用联语把旧社会的生涯做一番对照，通俗感人，那戏台楹联是：“穷的富的，贵的贱的，睁睁眼看他怎的；歌斯舞斯，哭斯笑斯，点点头原来如斯。”在新中国成立前，有人替一家财神庙撰联云：“只有几文钱，你也求，他也求，给谁是好？不做半点事，朝来拜，夜来拜，使我为难。”通过这样一问一答，一针见血地揭露了那些财迷心窍者的丑恶面目。

这种“问答法”，不但反映在阶级矛盾上面，还反映在描写自然景物上面。杭州飞来峰有一副对联：“泉自几时冷起？峰从何处飞来？”江西省石钏山坡仙楼有一副对联：“岭上梅子熟未？座中木樨香乎？”这两联同上述两联不同的就是上下两句都是问，答案是通过游人的感受找寻的，更为有味。

2. 衬托法

对联写作的衬托法，通常有两种。一是侧面衬托；一是反面衬托。所谓侧面衬托，即对主题不做正面描写，而是通过旁边的有关事物显示出来，使主题思想含蓄，引人寻味。民族英雄郑成功祠有一副对联：“东海望澎台，风景不殊，举目有河山之异；南天留祠宇，雄图虽渺，称名则妇孺皆知。”作者并不正面叙述郑成功当年如何反抗侵略，如何收复台湾的事迹，只是用“澎台风景”做示意，接着以“不殊”和“之异”做对立面，衬托上句。这样，人们很自然就会联想到这位民族英雄当年的光辉伟绩。

3. 集句法

集句，是对联写作的手法之一。古往今来，集句成联的范围很广，如集诗句、词句、贴句、俗语、成语、格言等。在古代对联中，集句联占有很大的分量，这里，只略举数例。

好雨好山兼好客；宜烟宜雨复宜晴。

这是广东惠州西湖晴雨亭的对联，集自唐句。既切合亭名，又适宜于描绘亭榭风光。

有些集句联，不是完全集自原句，而是带有借意性质的。有人撰江西省九江瑟瑟亭联：“灯影幢幢，凄绝暗风吹夜雨；获花瑟瑟，魂销明月绕船时。”上联是采自唐代元稹诗句中的词意，概括诗人听到白居易被贬谪时的心情；下联是采自白居易《瑟瑟行》诗句中的词意，描述白居易送客浔阳江头听得瑟瑟声时的景象。而九江的瑟瑟亭正是后人为追记此古迹而建，自然显得贴切。

郭沫若曾摘取毛泽东同志词句成联：“江山如此多娇；风景这边独好。”上联为《沁园春·雪》词句，下联为《清平乐·会昌》词句，不但对仗工整，意境亦清新。读后，爱国主义之情油然而生，使人充满了信心和力量。

像这样的“集句法”，它的特点是：用现成的句语，按照对联的形式格调凑在一起，构成一种新的意境，有时如浑然天成，比自己创作得还好。

第三节　用　字

文字是遣词、组句的基本元素。形、音、义三位一体是汉字的主要特征。基于汉字的特点，运用修辞的艺术手段，使文字产生新的生命力和表现力。对联的用字技巧可以分二十个问题细述。

一、析字

析字就是将汉字的形体结构进行分解，或拆或合，变为新字，翻出新意。析字可分为拆字、拼字、离合字。

1. 拆字：就是将某字进行拆解。传说，明代文学家蒋焘的父亲招待客人，客人出上联：

冻雨洒窗，东两点，西三点；

此出句是拆字联，“冻”字拆为“东”和“两点水”，“洒”字拆为“西”和“三点水”。蒋焘见母亲正在切西瓜，即以拆字句相对：

切瓜分客，横七刀，竖八刀。

对句将“切”字拆为“七”和“刀”，将“分”字拆为“八”和“刀”，虽为拆字，却丝毫不见拆字的痕迹，再加上文字的口语化，显得非常自然。

拆字联，根据内容需要，有时不按照书写的顺序来表述。有故事说，唐伯虎和祝允明闻友徐祯卿妻半夜生子，唐伯虎得上联：

半夜生孩，亥子二时难定；

唐祝二人去徐家贺喜，得知徐属蛇，徐妻属鸡，祝允明遂得下联：

百年匹配，巳酉两命相当。

联中的“孩”字，若按书写顺序，应为“子亥”，但以地支的时序排列，“亥”时为二十一时至二十三时，“子”时为二十三时至一时，“亥”时在前，“子”时在后，联中写作“亥子”是恰当的。下联的“配”字，拆为“己（巳）”“酉”二字，若按地支出现的顺序，应该是“巳”在前，“酉”在后，所以，联中以“巳酉”排序而不按书写习惯排序。如按生肖理解，“巳”为蛇，象征龙，“酉”为鸡，象征凤，“龙配凤”是绝佳的姻缘。

有时只拆出字的一部分。据传，清末号称“长联天子”的四川文人钟耘舫，才华盖世，素不与权贵往来。一日，善于巴结逢迎的当地秀才朱某来到钟家，出上联道：

大丈夫半截人体；

“大丈夫”三字的下部均可截下“人”字，意在讽讥钟耘舫莫以“志士”自足，“大丈夫”也是凡人，没有什么了不起。钟耘舫早就想教训一下此人，今天送上门来，是个绝好的机会，于是对出下联：

朱先生三个牛头。

这“朱先生”三字的上半截都为“牛”字之头，联意是告诫朱某莫一味效忠官府，甘当权贵的“憨牛”。

传说，古时某县有个姓卞的县令，整天吃喝玩乐，经常到一个酒店喝酒，与一个姓熊的堂倌混得很熟。一天，卞县令酒足饭饱之后，吟一上联戏谑堂倌：

堂倌能者多劳，跑断四条狗腿；

熊堂倌听后不动声色，心想，你用拆字联讽讥我，我也不让你好受，他灵机一动，随口对道：

老爷下流无耻，伸出一个龟头。

熊堂倌将“下”字拆成“下”与“、”，以轻蔑的口吻揶揄县令，气得下县官面红耳赤，却又无可奈何。

又相传，八国联军入侵我国期间，有个外国官员为卖弄风骚，出了个上联：

琴瑟琵琶，八大王王王在上；

联语霸气逼人，暴露出八国列强妄图瓜分中国的狰狞面目。中国方面有一爱国官员愤然对出下联：

魑魅魍魉，四小鬼鬼鬼靠边。

这下联以浩然正气，向帝国主义列强提出了严正警告。

2. 拼字：就是将两个以上的字拼为一个字。传说，金圣叹一次春游至郊外，见一牧童用柳枝在地上写了一个“出”字，且边写边念，金圣叹顿觉技痒，突来灵感，说道：

小子，重叠两山该是重，为何读出？

那牧童略加思索，反诘问：

老夫，出走千里应为出，为啥念重？

金圣叹的上联拼一“出”字，牧童的下联巧合“千里”拼为“重”字，且合于事理，与上联吻合得体，令金圣叹大为惊讶。

据传，唐明皇曾为杨贵妃筑一梳妆台。一天晚上，玉兔东升，明皇与杨玉环登上妆台，相伴而坐，唐明皇即景吟出上联：

二人土上坐；

贵妃应声对出下联：

一日月边明。

上联，二“人”与“土”拼为“坐”字，下联，“日”、“月”拼为“明”字。杨贵妃将己比作月，将唐明皇比作日，月受日光照耀才有光，烘托出二人的身份。

有故事说，古时某朝的秋季考试即将举行，各方举子纷纷进京应试，当朝宰相为遴选良才，便在考生中微服私访。是夜明月高挂，花园内香气袭人，宰相正在踱步，只听得一位姓王的考生高声吟道：

一大天空，日月明，良月更朗；

王生吟罢，在场的一位赵生面对假山上的一株古树对道：

山石岩前，古木枯，此木为柴。

上联，“一大”拼为“天”字，“日月”拼为“明”字，“良月”拼为“朗”字；下联，“山石”拼为“岩”字，“古木”拼为“枯”字，“此木”拼为“柴”字。那宰相访得他们的名字，揭榜时一人被选为状元，一人被选为探花。

据传，清朝乾隆年间，纪晓岚在朝为官时间长了，不免思念家中亲人，但在皇帝面前又不便直说。皇帝看出纪晓岚的心思，问道：“看你面色不好，好像有什么心事。”纪晓岚点头称是。乾隆随口说出一句：

十口心思，思子思妻思父母；

纪晓岚见请假时机成熟，便顺势对出：

寸身言谢，谢天谢地谢君王。

皇帝当然高兴，遂恩准纪返乡省亲。

乾隆的出句，“十口心”拼为“思”字，纪晓岚的对句，“寸身言”拼为“谢（謝）”字，全联的联意入情入理。

与此联相似的还有一说：唐伯虎为追求相府丫环秋香，撰写一联云：

十口心思，思国思家思社稷；

八目尚赏，赏风赏月赏秋香。

还有一拼字联，颇为有趣：

完白原生皖；

舍予本姓舒。

此联从字面看，“完白”拼为“皖”字，“舍予”拼为“舒”字；从事理上看，邓石如号完白山人，是安徽怀宁人；作家老舍，原名舒舍予，完全符合二人的情况。

清朝的学台吴省钦奉命去江南主考，他利用职务之便贪污受贿，以致考试失去了公平，使一些有才之士落榜。有位贫困的考生，论才华、论成绩当列榜首，但因无钱送礼而名落孙山，他愤然写了副对联贴在考场门口：

少目焉能识文字；

欠金岂可望功名。

横额是：口大吞天。

这副对联分别将“吴省钦（欽）”三个字嵌入其中，暗隐尖刻的讽刺。上联拼“少目”为“省”字，下联拼“欠金”为“钦（欽）”字，横额拼“口”“天”为“吴”字，全联谴责吴省钦贪脏渎职的无耻行径。

3. 离合字：就是有拆有拼，重新组合。

传说，有个秀才进京赶考，夜宿在江南小城的寺院内。肚饥，出外觅食，见一老人卖汤圆，想弄几个充饥，可是身无分文，如何使得？老人问明情况，便出一上联求对，并说，对得出，免费吃汤圆。秀才乍一听，满心欢喜，但仔细看出句，傻了眼，原来老人的出句是离合字联：

八刀分米粉；

那秀才使出浑身解数，憋得头上直冒汗，怎么也对不出下联，只得托故回到寺院。秀才上床之后，辗转反侧，总也睡不着，大约半夜时分，忽听一声钟响，秀才不知何事，忙披衣下床查看，原来是一只大老鼠碰掉一块泥皮，泥皮打响了钟。真是天无绝人之路，秀才灵机一动，对出了下联：

千里重金鍾（钟）。

次日一早，秀才打点行装，离城之前，先找到卖汤圆的老人，秀才如此这般述说夜里所遇之事，乐得老人一个劲地笑，赶快盛上一大碗汤圆递给秀才，并向秀才祝贺，认为金钟敲响，大吉大利，此番进京定能高中。

宝鸡位于八百里秦川西部，系周秦文化的发祥地，有着丰富的文化底蕴。近十年来，宝鸡市在报纸上开办了“悬联征对”专栏，涌现出了一些妙趣横生的离合字联。如：

人坐滩头，难分汉水淮水；

鸟鸣楷侧，皆落枇枝柏枝。

出句巧设机关：（1）“人”在“坐”字上头；（2）“滩”字被拆拼为“汉”“难”“淮”“水”四个字。对句则完全满足了出句的要求，“鸟”在“鸣”字的右侧，“楷”字被拆拼为“枇”“皆”“柏”三个字，另以“枝”代“木”字。词性做到了一致，平仄做到了相对。此联有拆有拼，属离合字。

古代名将李广乃飞将军也，其夜间巡视地形，忽见前面草丛中卧着一只老虎，遂拉弓劲射。翌日清晨，却发现箭射在了形同老虎的巨石上。为什么箭有如此强大的穿透力呢？因为李广在射箭之时以为是真老虎，所以使出浑身的力气；如果知道是石头，也许就没有这么大的力量了。据此，有人拟一上联云：

弓虽强，石更硬，何人可张长弓；

应征获奖的对句是：

身尚躺，心尤忧，妾女立射寸身。

出句，“弓”“虽”拼为“强”字，“石”“更”拼为“硬”字，“何”字拆为“人”“可”字，“张”字拆为“长”“弓”二字。对句，“身”、“尚”拼为“躺”字，“心”、“尤”拼为“忧”字，“妾”字拆为“女”“立”二字，“射”字拆为“寸”“身”二字。有拆有拼，拆拼自如，离合成趣。

二、复字

复字又称复辞、重字、重言，就是一字或几字在对联中有规律地反复出现，复字的目的是加强联意的深度。上下联复字的位置必须对应。

1. 单字反复。郑板桥在江苏镇江读书时，有一天去金山寺观赏字画，寺里的主持见其貌不惊人，却又看得十分认真，便招呼一声：“坐。”然后又漫不经心地吩咐小和尚：“茶。”经过一阵攀谈，当主持得知郑是同乡时，连忙又道：“请坐！”遂招呼小和尚：“敬茶！”在评论字画时，郑板桥无意中暴露了身份，那主持惊喜望外，连忙拉过红木椅，揖手低声道：“请上坐！”又急忙吩咐小和尚道：“敬香茶！”茶毕，主持请郑板桥留下墨宝，郑燮提笔写了下联：

坐，请坐，请上坐；

茶，敬茶，敬香茶。

主持后悔不该以貌取人，窘得满脸通红。

有故事说，有个财主叫闷龙，一儿一女，儿子从小跟父亲学抽大烟，有人送雅号“烟龙”，父子二人常为争烟枪闹得不可开交。财主的女儿叫彩凤，勤奋好学，长大后嫁给了秀才苏兆凤。彩凤结婚时，有人戏作一联云：

父闷龙，子烟龙，父子二龙，二龙抢宝；

夫兆凤，妻彩凤，夫妻双凤，双凤朝阳。

联中，“龙”“凤”重复四次，“父”“子”“二”“夫”“妻”“双”重复两次。

20世纪40年代，颇负盛名的越剧演员筱丹桂，曾在上海和袁雪芬合演名剧《梁山伯与祝英台》，深得观众喜爱，却备受封建官僚、地痞恶霸的欺凌。新中国成立前夕，筱丹桂不堪受辱，服毒自杀，死前留下一份血泪斑斑的遗书，其中有言：

做人难，难做人，人难做，死了算了；

那种年月，物价飞涨，民不聊生，度日如年，有人据此为筱丹桂的遗书对了下联：

过年苦，苦过年，年苦过，生存何存？

上联，述说自身的遭遇，突出一个“难”字，走投无路，只有一死百了；下联，联系社会现实，突出一个“苦”字，苦不堪言。“难”和“苦”反复出现，增强了力量。

2. 多字反复。传说，清朝乾隆年间，有个乡绅给儿子完婚，请文人刘凤诰写对联。乡绅一时高兴，连喝了几杯酒，也许是喜伤心，或是早就有心脏病，竟中风倒地，一命呜呼。顷刻之间，又娶媳妇又死爹，喜丧同时，这对联该怎么写呢？刘凤诰不愧是大文人，只思索片刻，便提笔写出了对联：

红喜事，白喜事，红白喜事；

哭不得，笑不得，哭笑不得。

俗称嫁娶为红喜事，丧老为白喜事，两事碰到一起，合称“红白喜事”。此联切人切事，造句合理。

传说清代乾隆皇帝巡游到通州时，口占一上联：

南通州，北通州，南北通州通南北；

从游的诸臣知是皇帝出句邀对，都把目光移到纪晓岚身上，纪张口对道：

东当铺，西当铺，东西当铺当东西。

对句非常工整，皇帝无可挑剔，称赞了一番。

抗战前夕，山西军阀阎锡山到江苏无锡游览，由于他鼓吹不抵抗主义，为吴人所厌弃。当地名士冯国征，戏拟一上联，登在上海《大公报》上求对：

阎锡山，过无锡，登锡山，锡山无锡；

此出句奇巧，应对难度太大，故久无人应。1942 年某日，《大公报》记者范长江来到天长县新四军驻地采访，忽然想起那个征联，顿时灵感来了，对出了下联：

范长江，到天长，望长江，长江天长。

上联的“锡山”“无锡”均为地名，最后的“无锡”为动宾结构短语。下联“长江”“天长”也是名词，一为江名，一为县名，最后的“天长”，形容天际长远，与上联“无锡”形成宽对。

汪继之题安徽祁门关帝庙联：

兄玄德，弟翼德，德兄德弟；

友子龙，师卧龙，龙友龙师。

联中，有六个字反复出现。从字面上看，只字未提关公，但从内容上分析，就是说的关公。关公称诸葛亮为师也是可以的，“军师”就带着“师”字。

和此联相近的还有广东汕头达濠关帝庙戏台联、河南许昌灞凌桥关帝庙联、江苏宜兴关帝庙联和湖南湘阴关帝庙联，后者的对联是：

生蒲州，事豫州，守徐州，战荆州，万里神州有赫；

兄玄德，弟翼德，释孟德，擒庞德，千秋至德无双。

“州”、“德”二字重复五次，联语又切人切事，确为佳联。

三、叠字

叠字又称叠词、连珠、叠音，就是将字重叠起来使用，以增强形象的立体感和声律的协调感，或喧染加重感情色彩。所重叠字的词性多为形容词、名词和动词。

北京市门头沟区文联 2007 年“同心建设生态区，携手开创新生活”征联的二等奖联为：

喜迎奥运，处处山欢水笑；

构建和谐，年年国泰民安。

联中，“处处”“年年”就是叠字，强化了联意。

传说，古时某地有个叫张弓的捕头，自以为他的箭术高强，便在自家大门上贴了一个上联：

张张张弓手，张弓射箭，箭箭皆中；

正在此时，一个叫李木的卖弓人走了过来，请张弓试试他的弓。张弓连拉了几把，结果一把也拉不开，李木见状笑了，吟出下联：

李李李木匠，李木雕弓，弓弓难开。

这副联，前三字是重叠一个字，每分句中均出现叠字，读起来还算流畅自然。这里需要说明，上下联不规则重复“弓”字，是联律所不允许的，所以，此联为病联。

1963年秋天，郭沫若到南海普陀山游览，在梵音洞观赏时，拾到一个笔记本，打开一看，扉页上题有一联：

年年失望年年望；

处处难寻处处寻。

再翻一页，是一首绝命诗，署着当天的日期。郭老一看完，马上叫人寻找失主，搭救这位绝命人。经寻找，他们很快找到了这个人，原来写绝命诗的是一位神色忧郁、行为失常的姑娘。她考大学三年，三次落榜，爱情也遭到挫折，事事不如意，所以来到此地，决心“魂归普陀”。郭老耐心地开导她说：“这副对联太消沉了，不好！我替你改一下，你看如何？”姑娘点头示意，郭老将联改为：

年年失望年年望；

事事难成事事成。

姑娘感佩不已，向郭老表示：要永记教诲，在人生的道路上奋勇前进。

在名胜古迹中，有许多叠字联。如杭州西湖天下景联：

山山水水，处处明明秀秀；

晴晴雨雨，时时好好奇奇。

每联有五个字重叠，读者一般可以接受。但有的联竟多达十四个字重叠，长是长了，但容易产生堆砌感，使人产生厌烦心理。对联是表达思想感情的文体，不要变成文字游戏。对联古来不入文学史，被视为“雕虫小技”，这与我们一些人楹联人不自重有关。

四、漏字

漏字又称藏字、隐字、缺字、缺如、缺隐，即有意将某些字漏掉，使联语有言外之意，让读者去体悟。漏字联包括缺字联、隐字联、藏字联。

1. 缺字联。1941 年春节，桂林难民所贴出一副缺字联：

感时□溅泪；

恨别□惊心。

联语出自唐代诗人杜甫《春望》诗，原句为："感时花溅泪，恨别鸟惊心。"对联作者故意漏掉"花"、"鸟"二字，意思是说："当年杜甫经历安史之乱，尚有"花"、"鸟"可见，但此时日寇飞机狂轰滥作，桂林连"花""鸟"也见不到了，以此控诉日寇的野蛮残酷。

有一位庸医名叫"吉生"，医术不高，经他诊治的病人多不见疗效，有人作联讽讥他：

未必逢凶化□；

何曾起死回□。

将庸医的姓名暗嵌入联，对其是辛辣的讽刺。

相传宋代时，桂林有个隐居的刘道士，对桂林太守吕愿忠勾结其岳父将桂林西湖改为农田出卖，从中牟取暴利的行为恨之入骨，一天，趁吕太守大摆酒宴之机，写了这样一副对联：

金木火土土；

忠勇信义义。

上联故意漏掉一个"水"字，多出一个"土"字，是指吕愿忠填西湖破坏水资源，高价出卖土地的行经；下联漏掉一个"仁"字，多一个"义"字，是说吕愿忠和岳父为富不仁，与奸相秦桧臭味相投。

2. 隐字。明代一士人家贫，某日友人至，无酒招待友人，便以水代酒，士人吟出上联：

君子之交淡如；

友人心领神会，更体谅士人的处境，对出下联：

醉翁之意不在。

吟罢，二人哈哈大笑，携手入席，畅谈友情。

据传，明代“茶陵诗派”首领李东阳儿时，有一天与一群同伴放风筝玩，有一小孩风筝断线，掉进某员外家的花园里，李东阳翻墙进院讨取，员外说：对上我的对子就还给你。李东阳点头同意。员外见几个孩子只有他敢翻墙进来，便出了上联：

童子六七人，独汝狡；

李东阳知员外是个大富绅，便答道：

员外二千石，惟公……

员外说：“还少一字。”李东阳道：“你还我风筝，就添‘廉’。”员外说：“我若不还呢？”“那就是‘贪’。”员外很快把风筝还给他，选择了“廉”字。

民国初年，北京《国华报》主笔叫罗愁，字秋心，他的朋友杨韵为其赠联云：

与尔同销万古；

问君能有几多。

上句是李白《将进酒》诗句，隐去一个“愁”字，下句是李煜词句，隐去一个“愁”字，联赠罗愁，别有一番韵味。

3. 藏字。臭名远扬的袁世凯，戊戌政变时靠告密得到了慈禧太后的宠幸，官运亨通，青云直上，不仅控制了军队，还爬上了军机大臣和外务部尚书的宝座。戊申（1908）年八月，适逢袁世凯五十大寿，在北京东安门外北洋公所摆筵祝寿，有人送了一副寿联：

戊戌八月，戊申八月；

我佛万年，我公万年。

众宾客夸赞高雅，袁世凯喜不自禁。谁知乐极生悲，仅仅过了两个月（戊申十月），西太后一命归天，不久袁世凯也“回籍养疴”了。当时有个叫祝竹岩的人，好不快哉，想到袁世凯那副寿联，欣然提笔改了仨字，意思却大变了。联曰：

戊戌八月，戊申十月；

我佛今年，我公明年。

上联的“戊申十月”，指西太后归天，但藏而不露，更显深沉。下联说，西太后是今年死，明年就该是袁世凯死了。

据说，某人父子同是戊子举人，因得一上联曰：

父戊子，子戊子，父子戊子；

久思不得下联，有人拿去请教纪晓岚，纪想起有师生二人同在户部作官，于是以此吟成下联云：

师司徒，徒司徒，师徒司徒。

上联的“戊子”，暗示“中举人”，下联的“司徒”，暗示“作官”，皆为藏字之法。出句巧，对句更巧，“师徒”与“司徒”音近，确实对得天衣无缝。

五、添字

某地有位浪荡子，读了二十年诗书，还中过秀才，但由于他好吃懒做，不求进取，常干些吃喝嫖赌下流之事，不出三年，便将家业糟踏得净光，这浪荡子也变成了乞讨的叫花子。一年春节，他无力置办年货，又怕被人笑话，便在大门上贴了一副遮羞的对联：

行节俭事；

过淡泊年。

对联贴出之后，许多知他底细的人不禁哂之，其中有位善心的人，便在上下联首各添一字，成为：

早行节俭事；

免过淡泊年。

叫花子在此联的启示下，悔恨自己的错误，后来变成一个金不换的文人。

又传说，苏轼少年时心高气盛，为自己的才华颇感自负，一日，苏轼挥笔写下一副对联，贴在门口，联曰：

识遍天下字；

读尽人间书。

没过几天，家里来了一位白发老翁，手拿一本小书，声称登门求教。苏轼接过书一看，傻了眼，书上的字，他连一个也不认识，苏轼窘得面红耳赤，又羞又愧，忙向老翁赔礼："请老翁原谅小生一时狂妄。"老翁走后，苏轼赶紧提笔将门上的对联添了四个字，变成：

发愤识遍天下字；

立志读尽人间书。

从此以后，苏东坡闭门苦读，终于成为一代文豪。

明代大学者解缙是撰联高手，曾担任过税官。某日，他到一个商贾家去收税，但见门上贴了一副对联：

闲人免进；

盗者休来。

解缙看完，便在上下联各加了三个字，成为：

闲人免进贤人进；

盗者休来道者来。

加了六个字之后，联意发生了根本性的变化，当然，解缙也就可以进门收税了。

六、改字

有一老翁，生一独子，家中万事由媳妇说了算，老翁上午须去放牛，下午在家抱孙子，一个孙子三岁，一个孙子刚六个月，正是累人的时候，不是这个哭，就是那个闹，忙得团团转。晚上，待哄孙子睡觉后才能去牛棚休息。一年春节，老翁用捡来的纸写了一副对联挂在牛栏外，联曰：

长孙次孙，声声苦缠我；

大牛小牛，悠悠悲中游。

老翁的邻居是个文人，看到对联后对老翁说："对联固然写得好，只可惜有损家庭和睦，不妨给你改两个字。"老翁不解地点了点头。

第二天，媳妇路过牛棚，看见了牛栏门上的对联：

长孙次孙，声声乐缠我；

大牛小牛，悠悠喜中游。

媳妇羞愧满面，恍然醒悟。平日如此虐待公公，公公却以悲为喜，以苦为乐，以宽大的胸怀包容一切，自己真是大逆不道啊！从此，媳妇一改恶习，对老人孝敬有加。

清朝同治七年，罢官后在杭州讲学的前翰林院编修俞樾，一天带着妻子和女儿来到灵隐寺游玩，来到飞来峰附近的冷泉亭，一边喝茶，一边欣赏亭前两侧的一副对联，那对联是：

泉自几时冷起；

峰从何处飞来。

夫人读后对丈夫说：“此联全是问话，相公能否作一答语？”俞樾回答：“这有何难，每联只需改其一字即成。”联曰：

泉自有时冷起；

峰从无处飞来。

夫人听后则说：“好是好，如若这样改，岂不更好？”其改联为：

泉自冷时冷起；

峰从飞处飞来。

爱女绣孙侍立一旁，也凑趣道：“依女儿之见，还不如明明白白地回答。”并念出了她改的对联：

泉自禹时冷起；

峰从项处飞来。

俞樾问道：“禹乃治水神王，泉自彼时冷起尚说得通，‘项处’何指？”绣孙答：“项羽垓下被困，与虞姬诀别时曾歌道，‘力拔山兮气盖世’，不是项羽将此山拔起，此峰怎能飞到这里来呢？”全家人相与大笑，俞公说：“妙！妙！”三人的改联，只有绣孙的改联为好，联想奇妙，巧用典故，活泼有趣。

从前有户人家，父子皆中进士，都是高官厚禄。某年除夕，为了炫耀威风，在大门上贴出这样一副对联：

父进士，子进士，父子进士；

婆夫人，媳夫人，婆媳夫人。

有位穷秀才，愤愤不平，趁夜悄悄添改几笔，联意大变。联云：

父进土，子进土，父子进土；

婆失夫，媳失夫，婆媳失夫。

大年初一，众人见了，无不捧腹大笑。

七、嵌字

嵌字也叫嵌名，是对联常用的一种技巧。它的用途很广，名胜园林、婚寿贺联、丧帐墓碑、商业店铺、题赠名片等等，往往采用这种技巧。

嵌字的种类繁多，依嵌入字词的聚散而分，可以分为整嵌和分嵌；依嵌字在单联或双联，可以分为单嵌和对嵌；依所嵌字在联中所处的位置，可以分为横嵌和竖嵌；依修辞手法的明暗，可以分为明嵌和暗嵌；多种手法综合交叉的有递嵌、迭嵌。分述如下：

1. 整嵌。就是所嵌的名称整个嵌入联中。小说《孤山再梦》中钱雨林对宵娘联：

邹孟子、吴孟子、寺人孟子，一男一女，一不男不女；

周宣王、齐宣王、司马宣王，一君一臣，一非君非臣。

上联的“邹孟子”，指战国时的孟轲，“吴孟子”指明代姑苏的孟淑卿，“寺人孟子”指晋历公时的一个宦官；下联的“周宣王、齐宣王”是春秋时的国君和大臣，“司马宣王”指晋宣帝司马懿的第四子，被封为汝南王，故“非君非臣”。

2. 分嵌。就是将所嵌的名称拆开，分别嵌入适当的位置。

曾国藩和左宗棠虽然同朝为官，但政见上往往有分歧。在一次宴会上，两人谈得很不投机，曾国藩首先向左宗棠发难：

季子敢言高，与余意见大相左；

左宗棠字季高，曾国藩把左宗棠的名字嵌入联句。左宗棠才思敏捷，他连喝了两杯酒，对出了下联：

藩臣徒误国，问尔经济有何曾？

对句，将“曾国藩”三字嵌入相应的位置。将三字完全拆开分别嵌入，这就是分嵌之一例。

3. 单嵌。不管是整嵌还是分嵌，只嵌于上联或下联的称单嵌。

潍坊市《三河杯》征联，山西杨振生的获奖联是：

一线连天，春风送我蒸蒸起；

三河作带，锦绣堆云款款收。

这是整嵌的单嵌。

此次征联湖北胡松琼的获奖联是：

蝶舞鸢翔，一缕金丝牵远梦；

河清水碧，三条玉带绕名城。

这是分嵌的单嵌。

4. 对嵌。不管是整嵌还是分嵌，分别嵌于上下联的叫对嵌。

《三河杯》征联广西钟日生为“音乐喷泉”的撰联是：

音乐奏阳春，常传金曲歌三水；

喷泉吟白雪，直送银河上九天。

此联，上联嵌“音乐”，下联嵌“喷泉”，这是整嵌的对嵌。另外分嵌“三河”。

而此次征联青海吴之恒为“桃园修竹”的撰联是：

十亩夭桃春带雨；

一园修竹暮含烟。

此联则可以视为分嵌的对嵌。

5. 横嵌。将被嵌二字以上词语拆开（分嵌），分别嵌入上下联相应位置中，叫横嵌。因为对联竖写，所嵌之字横向相对，所以叫横嵌。横嵌的正格有七种，即：

（1）鹤顶格：也称凤顶格、丹顶格、虎头格、藏头格，是将两字分别嵌于上下联的第一字，如《三河杯》征联湖北宗肃为“棋楼”的撰联是：

棋新子活枰敲脆；

楼静茶凉局转奇。

将“棋楼”二字分嵌于上下联第一字。

（2）燕颔格：又称凫顶格、叶底格，是将两字分别嵌入上下联第二字位置。如《三河杯》征联内蒙古贺成元为“笛亭”的撰联：

长亭拾级沐花雨；

短笛一声撩夕阳。

（3）凫肩格：又称鹿颈格，是将两字分别嵌入上下联第三字位置。郑燮题《竹梅图》联：

虚心竹有低头叶；

傲骨梅无仰面花。

“竹”“梅”二字分嵌于上下联第三字。

（4）蜂腰格：又称合欢格，将两字分嵌于上下联第四字。蔡锷将军赠小凤仙联：

此地有凤毛麟角；

是人为仙露玉珠。

第四字嵌入“凤”“仙”二字。

（5）鹤膝格：又称合跗格。将两字分嵌于上下联第五字。如朱镕基给其堂兄朱经冶九十寿辰的贺联：

诚信传家经风雨；

廉法为公冶新人。

上联第五字嵌“经”字，下联第五字嵌“冶”字。

（6）雁翎格：也称凫胫格、长凫格。将两字分嵌于上下联第六字。著名作家端木蕻良为著名戏剧家阳翰笙撰写的挽联：

千载人间垂翰墨；

此夕天上引笙簧。

将“翰”、“笙”两字分嵌于第六字。

（7）凤尾格：又称雁足格、并蒂格、脱靴格、藏尾格。将两字分嵌于上下联第七字。由于嵌字的格式来源于诗钟，而诗钟均为七言联，所以此格式往往缀以“尾”字。

如《红楼梦》中人物岫烟的嵌名联：

秋到碧山云出岫；

春来翠柏柳含烟。

上下联尾嵌入“岫”“烟”二字。

以上是横嵌的正格七种。变格尚有多种：如双勾格、汤网格、魁斗格、蝉联格、鸿爪格、鼎峙格、辘轳格、卷帘格、重台格、曲尺格、折枝格、脱瓣格、云泥格、碎锦格、寄生格、晦明格等。还要强调一点，由于这些格式多以七言的诗钟为例，在运用时以七言联为好。建议嵌名联应以七言联作为正格固定下来。

6. 竖嵌。将要嵌之词语，嵌入上联或下联。因对联竖写，所嵌之字竖向出现，所以称竖嵌。山东潍坊市《三河杯》征联，天津刘锋为“爱民”亭撰联：

说事忒多能事少；

爱民不易为民难。

“爱民”二字嵌于下联。（也是折枝格）

7. 明嵌。将所嵌之字直接嵌入联中叫明嵌。嵌字联绝大多数属明嵌，它是相对于暗嵌而说的。不再举例。

8. 暗嵌。就是将所嵌之字改头换面后置于联中。如前文提到的“吴省钦”联：

少目焉能识文字；

欠金安可望功名。

“少目”为“省”，“欠金”为“欽（钦）”，其横披“口大吞天”暗示“吴”。

9. 递嵌。所嵌之名称，上联竖嵌一部分，下联竖嵌一部分，两联竖嵌之字合起来才是完整的名称。

如杭州西湖“平湖秋月”联：

鱼戏平湖穿远岫；

雁鸣秋月写长天。

上联竖嵌“平湖”，下联竖嵌“秋月”，全联则完整地嵌入“平湖秋月”名称。

10. 叠嵌。就是重叠嵌入两个及两个以上的名称。如下联：

冬夜灯前，夏侯氏读《春秋传》；

东门楼上，南京人唱《北西厢》。

上联嵌入“春夏秋冬”四字，同时，“春秋”二字又兼书名《春秋传》；下联嵌入“东南西北”，“北西”二字又兼戏名《北西厢》。

此外尚有首嵌、腹嵌、尾嵌、顺嵌、逆嵌、插嵌、省嵌等概念，不再赘述。须说明的是，关于横嵌和竖嵌，联界有完全相反的解释。

八、虚字

虚字是指巧妙地使用虚字，实虚相间，迭宕起伏，增加情趣，有时还可改变联意或深化联意。

王士禛，明代著名书法家王象咸的侄孙。一天，王象咸正与胞兄饮酒，王士禛等一群小兄弟跑到两位祖父面前，要求学习书法。王象咸兄弟俩酒兴正浓，无心搭理他们，王兄便搪塞说：“我出上联，谁对得好，就教谁写字。”便出了上联：

醉爱羲之迹；

王士禛双眉一展，对道：

狂吟白也诗。

乍一看去，“白也”似乎不通，但王象咸兄弟乃学业精邃之士，焉能不知其出处，原来，杜甫在评李白诗时有诗句：“白也诗无敌。”对句以“白也”对“羲之”极为工巧，妙在虚字“也”对“之”。这样，王象咸兄弟只好答应教王士禛书法。

看某酒店联：

入座三杯醉者也；

出门一拱歪之乎。

虚字的运用，生动塑造了醉汉的形象。

明代画家八大山人有一联：

禄以天下弗顾也；

取诸宫中而用之。

七言联中竟有三个虚字，而这三个虚字是很难以实字替换的。

九、两兼

一个字既与其前字组词，又与其后字组词，一字兼两词，所以叫两兼。

请看下联：

易君左闲话扬州，引起扬州闲话，易君左矣；

林子超主席国府，连任国府主席，林子超然。

易君左，湖南人，曾写过一篇《闲话扬州》，大谈扬州姑娘，引起扬州地方人士的不满。“左矣”，偏邪义，不正确，“左”字两兼。林子超即林森，国民党西山会议派成员，1932年起任国民党政府主席，但他不住重庆，而是在峨眉山或青城山隐居。“超”字也是两兼。“超然”，“超然世外”之意。

十、端形

端形联亦称玻璃联、对称字联。即全部用左右两边形体对称的字撰成的联。这种联贴在玻璃上，从正反面看形体不变，具有对称美。玻璃联的来历，可能与“母舅联”有关。闽南、台湾和粤东一带，有近千年的习俗，举凡结婚、乔迁新居之日，事主的舅舅总要给外甥送一副贺联，习称“母舅联”。该联的制作材料，开始用红纸，后改用红布，镶在镜框内悬挂。有了玻璃以后，有人以玻璃为载体工艺制联。清文学家梁章钜在《楹联续话》中写道：“吴山尊学士，始出意制玻璃联子，一片光明雅可赏玩。”这大概就是玻璃联的来历。因玻璃联要求正反面必须一样，所以制联必须全部利用字形相对称的字。

母舅联：

亲朋共喜全堂喜；

凤凰同心不二心。

当代，1990年辽宁营口环保局等单位联合征联，其中有一联是：

山水林田，至营口宜赏美景；

桑蚕米果，出盖县富甲关东。

北京黄腾政“喜迎奥运圣火”联：

春日丽中天，赏曲品茶，喜奥林圣火来京早；

众心荣大业，吉言美画，呈首善真容显国昌。

全联 34 字，全部为对称字。

十一、同旁

就是利用同偏旁部首的字组成对联。因其有整齐的形式美，颇受一部分人的青睐。

1. 部分同旁：据传，粤剧艺术家薛觉先，以三国东吴二乔为内容，出一上联征对：

乔女自然娇，深恶胭脂胶肖脸；

对句中较好的有：

人言虽可信，但防渭水混泾江。

出句的后五字均为“月”字旁，对句则为“水”字旁。

2. 全部同旁：旧时一车马店联：

远近送迎通达道；

逍遥进退速还迟。

这是全联同旁。

传说，从前有个秀才进京赶考，夜宿一家客店，他见店主之女貌美，便生邪念，写了一个上联送过去：

寄寓客家，宿守寒窗空寂寞；

那店主之女是个有文才之人，知是以同旁字作联，且含有轻薄挑逗之意，便一气写了同旁联作答：

漂游浪汉，流落江湖没浅深。

秀才受了奚落，是夜难眠。

再如 1999 年迎澳门回归征联，出句之三为：

澳凼漾清波，濠江潋滟添潇洒；

笔者的对句获三等奖：

莲花萌蔼蕊，荷葉蓬茸蕴蔚華。

3. 横向同旁：广东虎门有一副对联：

烟锁河堤柳；

炮镇海城楼。

联中，“烟”“炮”同为火房；“锁”“镇”同为金旁；“河”“海”同为水旁；“堤”“城”同为土旁；“柳”“楼”同为木旁，是用五行为旁组成的，颇具匠心。“板城烧锅酒”的电视广告，突出强调了“金木水火土”五行。有兴趣的读者，不妨将其作为出句，对出对句来。

十二、用数

以数字入联，往往使联语更加活泼有趣。

传说故事，钟芳为明代海南崖州人，自幼聪明过人，有一天，父亲带他去买木屐，店主对小钟芳说：“我出一上联，你若能对出下联，我送你一双木屐。”店主出的上联是：

入吾门低二寸；

钟芳选好木屐，穿上便走，店主追出来，小钟芳回敬道：

出你店高三分。

店主见他对得好，除履行承诺外，还顺便送给他父亲一双木屐。此时，正好有个地方官带着娘子过来，见此情景，说了一句：

父一双，子一双，二双欠账；

小钟芳见是官员开口，便回敬道：

官两口，孃两口，四口吃人。

"官"字有两个口字,"孃"字也有两个"口"字。小钟芳的对句引起人们哄堂大笑。

旧时某地,一个贪赃枉法的县官,除夕在县衙门上贴了一副对联:

一心为民,两袖清风,三思而行,四方太平,五谷丰稔;

六欲有节,七情有度,八面兼顾,久居德苑,十分廉明。

初一早晨,有人在其对联外又贴了一联曰:

十年寒窗,九载熬油,八进科场,七品到手,六亲不认;

五官不正,四蹄不羁,三餐饱食,二话不说,一心捞钱。

赃官气得差点昏过去,只好在人们的哄笑声中悻悻而去。

用数法中,加减乘除俱备。用加法的,如:

七鸭游湖,数数三双一只;

尺蛇入洞,量量九寸十分。

用减法的,如苏轼应其弟苏子由对:

棒长八尺,随身四尺,离身四尺;

课演六爻,内挂三爻,外挂三爻。

用乘法的,如乾隆和刘墉在安州柳庄子私访时,为贺一位141岁的老人所做的对联:

花甲重开,外加三七岁月;(乾隆)

古稀双庆,又多一个春秋。(刘墉)

用除法的,如《唐伯虎纪事》中载联:

七里山塘,行到半塘三里半;

九溪蛮洞,经过中洞五溪中。

十三、异音

就是利用汉字一字多音的特点作成对联，求得新颖别致。秦皇岛孟姜女庙有一联：

海水朝朝朝朝朝朝朝落；

浮云长长长长长长长消。

这副对联可以读为：

海水潮，朝朝潮，朝潮朝落；

浮云长，常常长，常长常消。

全联只用一个字的，要数某豆芽店联：

长长长长长长长；

长长长长长长长。

上联一三五六字读 chāng，其他三字读 zhǎng，下联则调换过来，平声落脚。

十四、同音

就是利用汉字同音多字的特点作成对联，别有一番情趣。

张灵应唐寅对曰：

贾岛醉来非假倒；（唐寅）

刘伶饮尽不留零。（张灵）

贾岛是唐代著名诗人，刘伶是魏晋间“竹林七仙”（嵇康、阮籍、山涛、向秀、阮咸、王戎、刘伶）之一，均以嗜酒著称。作者利用同音词“假倒”“留零”，刻画了人物形象，生动活泼。

如骑马放牛联：

妈妈骑马，马慢，妈妈骂马；

妞妞放牛，牛拗，妞妞扭牛。

十五、谐音

就是运用字词的同音或近音的条件，收到语意双关的效果，增加联语的幽默感。

明朝时，某地有翁婿二人皆具文才，常在一起作诗联句。一日，女婿到岳父家，岳父原不打算留女婿吃饭。忽然，天下大雨，岳父道："真乃天意留客也。"遂提笔写下五个古人名：大禹、孔子、周公姬旦、杜甫、刘禹锡，要女婿以此五人名撰一上联。女婿才思敏捷，提笔写出：

下大雨，恐中泥，鸡蛋豆腐留女婿；

岳翁看后甚为赞许，便留下女婿吃饭。这上联流传几百年，至2008年12月，门头沟楹联学会会员吕仁对出了对句：

清河身，护林地，鲤鱼红糖慰吾妻。

对句中谐音的五个人名分别是：和珅（清大臣）、胡林翼（清大臣）、李煜（词人、李后主）、冯唐（汉官吏）、魏无忌（魏大臣、信陵君）。

某地青年小李，去邻村传授栽藕的生产技术，结识了一位叫小委的女青年，他们在接触中产生了感情，并结为伉俪。结婚时，小李写了一副婚联：

木子因荷而得藕；

禾女有杏不须梅。

联意说，我小李因传荷藕技术得到了佳偶，小委有幸遇到知己，未劳媒婆的大驾。

有一联全联用谐音，联曰：

独览梅花扫腊雪；

细睨山势舞流溪。

上联谐音简谱 1234567，下联谐音一二三四五六七。

十六、摹声

就是利用象声词（拟声词）制联，给人以身临其境的感觉。

相传，民国十七年（1928 年）庆祝“双十节”，成都街上敲锣打鼓，闹得好不热闹，刘师亮本来就对当局不满，见此情景，写了一副似庆非庆的对联贴在门外，联曰：

普天同庆，庆得自然，庆庆庆，当庆庆，当庆当庆当当庆；

举国若狂，狂到极点，狂狂狂，懂狂狂，懂狂懂狂懂懂狂。

此联表面像是庆祝，实际上是以民间乐器的声响，表达不满和蔑视。“当庆”是民间追悼死者的乐器声；“懂狂”是民间要猴的锣鼓声。

沈周对祝允明联：

山童采栗用筐接，劈栗扑簏；

野老买菱将担倒，倾菱空笼。

从字面看，每联后四字是表述事态，按字音听，又是摹声。

十七、歧义

利用对联不点标点而全凭人们自行断句、意会，或利用汉字一音多义的特点，使联意产生两种以上不同的理解，这就是歧义。

对联在实际运用中是不加标点的。一般情况下，不同的断句方式对联意影响不大，但个别对联，不同的断句，联意会发生很大变化，甚至完全相反。这种可以产生歧义的对联，如果构思奇巧，用在某种特定的场合，可以产生其他格式达不到的效果。

相传，明代祝允明为一店主人所做戏谑联：

明日逢春好不晦气；

终年倒运少有余财。

店主人断为四字句：

明日逢春，好不晦气；

终年倒运，少有余财。

他认为是倒霉的对联，大为不满。祝允明微微一笑说："不必生气，是你把联读错了，应该这样念：

明日逢春好，不晦气；

终年倒运少，有余财。

店主人这才转怒为喜，且置酒招待。

十八、押韵

对联不要求押韵，正因为此，历代文学史家把对联不归入韵文，也不归入散文，对联的处境非常尴尬。但为了增强对联的音韵美，在实践中也出现了韵联，不过，这是个别作者的个别联作，押韵还未成为作联的时尚。

1935 年，郭沫若流亡日本时，一天旅日华侨邀请他去演讲。演讲开始不久，有几个被日本当局收买的探子，弄来几篓梨子，一只一只地抛向讲台，妄图破坏演讲。郭沫若对此作了一副对联加以嘲讽。联曰：

妄把梨儿充炸弹；

误将沫若当潘安。

联中的“梨儿”“潘安”，均出自潘安故事。相传西晋有个才子潘安，年轻貌美，魅力超人，每当潘安外出，沿途的姑娘都向他抛梨子表示爱慕之情。郭沫若的上联，怒斥日本当局有意捣乱，爱国志士真枪实弹都不怕，难道怕你几只梨不成？下联由怒斥转为嘲弄，由紧张转为轻松，联意说，我不是潘安，莫轻率，莫多情。戏谑、讽刺、挖苦，彰显了才子的风采。上联末字“弹”，下联末字“安”，颇似词曲中仄韵转平韵，增强了韵味。

某市中学有位数学老师，在与女友热恋时，遭遇种种不幸，恋爱未成。后来，这位老师重新萌发求爱之心，便求助于月老，终于喜结良缘。学校同事赠联：

爱情如几何曲线；

幸福似小数循环。

联中“几何曲线”“小数循环”不仅符合数学老师身份，还表达了他在婚姻问题上的磨难。“线”与“环”为同韵部仄平字。

十九、同韵

上联所有字属甲韵，下联所有字属乙韵，或者全联的字基本同属某韵，谓之同韵。

据清末文人吴恭亨《对联话》载，湖南石门的黄碧川少年时，偶见一个儿童以锄挖青蛙，锄下蛙跳，锄破土而出瓦砾，顿觉有趣，得一上联：

娃挖蛙出瓦；

但此后一直没有人对出下句。谁知二十年后，他当了陕西的按察使，一日乘马外出，坐骑跑到路边的麻田里吃麻，恰被看麻的老妇撞见，大骂不止。黄碧川顿悟得下联：

妈骂马吃麻。

此联除第四字的“出”“吃”外，均属同韵部，仅声调有异，全联八字属一韵，给人以特殊的韵味，非常难得。

二十、绕口

由于同韵、邻韵或近音，使联语读起来感到拗口，均可称为绕口联。

附：对联重复用字规则

1. 允许“同位重复”。

如果上联（或出句）重复使用某个字时，下联（或对句）必须在相同位置重复使用另外一个字。简称“复字”。例：

春回大地春阳暖

国至新元国运昌

（上联重复“春”，下联在相同位置重复“国”）

病例：

春回大地春阳暖

岁至新元国运昌

（下联 1、5 位用字和上联没有对应，这种情况通常是不允许的）

另一种重复用字是连续重复，称为“叠字”或“连珠”。例：

岁岁春光好，家家富路通

曲曲弯弯走路，堂堂正正做人

重复用字能强化思想感情，如：

年年难过年年过，处处无家处处家。

这是在旧社会流传很广的一副对联，联中的复字把旧社会穷苦人流离失所的痛苦处境和对旧社会的不满与抗议充分地表达了出来。

熙熙攘攘暮暮朝朝　可怜他去去来来　个个劳劳碌碌

我我卿卿夫夫妇妇　但愿得平平稳稳　年年喜喜欢欢

（宾馆、旅店用联）

重复用字还能横生妙趣：

翠翠殷殷处处花花果果

朝朝暮暮时时鼓鼓钟钟

（福州西禅寺玉佛阁）

2. 忌“同位重字”和“异位重字”，允许“异位互重”。

同位重字病例 1：

春安夏泰人长寿

秋福冬祥人进财

（“人”同位重字）

同位重字病例 2：

且咏清风寻皓月

不教清风问浮云

（“清风”一词在上下联相同位置出现，和同位重复单个字是一个性质，同位重字、重词都应该力图避免）

作为特例，虚字、虚词的同位重字是允许的，如：

漏网之鱼，世间时有；

脱天之鸟，宇内尚无。

（“之”字可以重复）

异位重字病例 1：

业流不住勿贪境，

命运相同不恨人。

（“不”是异位重字，此例下联改为“莫”字即可）

异位重字病例 2：

玉女飘飘如天降

珠花滚滚似玉倾

（“玉”异位重字，应改为“雪”之类的其他字）

同位重字容易发现和避免，而一旦存在，即属大错。异位重字在字数较多的对联中常有被忽视的情况，包括一些正规的赛事中，获奖作品也偶有异位重字，所以写作、鉴赏时须特别留意。

同位、异位单个字词的重复是禁忌，但两个字或两个词的“异位互重”作为一种修辞技巧而被联律所允许，又称“换位格”。如：

本无月缺月圆，它随顺你；

虽有花开花落，你任由它。

室有奇书穷亦富；

胸无点墨富也穷。

万法一心，空不异色；

一心万法，色即是空。

又如：

一人千古，

千古一人。

这是林森挽孙中山先生联。1943 年 8 月 1 日，中国名义上的国家元首、中华民国国民政府主席林森于重庆逝世。享年 75 岁 。林森，字子超，号长仁，1867 年生，福建闽侯人。1905 年加入中国同盟会，辛亥革命时，任九江军政府民政长。1912 年中华民国成立，任南京临时参议院议长。二次革命后，加入中华革命党。1917 年追随孙中山南下护法。

1921 年孙中山就任非常大总统，林森代表国会授印致词。林森算得是国民党元老，为人较为淡泊，在历次国民党内派系政争中，都处于相对超脱的地位，能为各派所接受。因而在 1931 年，出任没有实权的国民政府主席。全面抗战后，林森坚决主张抗战到底。他离开南京时已 70 多岁，对蒋介石说："我可能不再回南京了，你们一定会抗战到底，取得胜利。"林森早年丧妻，终生未娶，无子，为政清廉，遗产甚少。惟平生雅好古董字画，遗嘱送博物馆。

还如：

门生天子

天子门生

这是孙家鼐自题门联。孙家鼐（1827—1909），字燮臣，号蛰生，别号淡静老人，寿州人。他幼读诗书，院试中举后，初下南闱不第。他目睹诸兄名登金榜，自益奋勉，终于清咸丰九年（1859 年）中一甲一名进士（即状元）。后受修撰，入值上书房。

孙家鼐饱读诗书，颇富才华，工文赋诗词。清咸丰九年，孙家鼐参加殿试。咸丰帝命他以大清六代皇帝兴隆为题撰联。须臾之间，他当即吟出联语：

亿万年济济绳绳，顺天心，康物阜，雍和其体，乾健其行，嘉气遍九州，道统绍羲皇尧舜；

二百载绵绵奕奕，治绩昭，熙功茂，正直在朝，隆平在野，庆云飞五色，光华照日月星辰。

孙家鼐还为凤阳龙兴寺朱元璋遗像撰了这么一副对联：

生于泗，学于沛，长于濠，凤阳昔钟天子气；

始为僧，继为王，终为帝，龙兴今仰圣人容。

活动探究二：校园问对

对联作为一种习俗，是中华民族传统文化的重要组成部分。学校作为中华文化传承的主要地方，更应该担当起对联撰写与发扬的重任。虽然“对课”已经远离了课堂，但是对联的魅力依然不减，我们要在雅俗共赏中去领略这种传统文化的独特韵味。

1. 请同学们为自己生活的校园或班级撰写几副对联。

2. 在全校范围内进行对联征对活动。

3. 聘请专家举办一次对联讲座。

第三章　对联创作指津

第一节　平仄区别

现在很多人都搞不清楚怎么样区别平仄。因为现代汉语没有入声，把入声字分别转变成了一、二、三、四各个声调。大致说来，汉语的第一、二声，相当于平声，第三、四声，相当于仄声。但是，第一、二声当中，仍杂有不少的入声字，作诗的时候，仍旧要归到仄声里去。所以我们只要把这部分入声字识别出来就可以了。

一、凡以 b、d、g、j、zh、z 等声母起头的第二声字，都是古入声字

例如：

b：拔、跋、白、帛、薄、荸、别、蹩、脖、舶、伯、百、勃、渤、博、驳。

d：答、达、得、德、笛、敌、嫡、觌、翟、跌、迭、碟、牒、独、读、牍、渎、毒、夺、铎、掇。

g：格、阁、蛤、胳、革、隔、葛、国、虢。

j：及、级、极、吉、急、击、棘、即、脊、疾、集、籍、夹、嚼、洁、结、劫、杰、竭、截、局、菊、掬、橘、决、诀、掘、

角、厥、橛、脚、镢、觉、爵、绝。

zh：札、扎、铡、宅、择、翟、着、折、蜇、轴、竹、妯、竺、烛、筑、逐、浊、镯、琢、濯、啄、拙、直、值、殖、质、执、侄、职。

z：杂、凿、则、择、责、贼、足、卒、族、昨。

二、凡 d、t、L、z、c、s 等声母跟韵母 e 拼合时，不论现代汉语读何声调，都是古入声字

例如：

de：得、德。

te：特、忒、慝、螣。

le：勒、肋、泐、乐、埒、垃。

ze：则、择、泽、责、啧、赜、笮、迮、窄、舴、贼、仄、昃。

ce：侧、测、厕、策、筴、册。

se：瑟、色、塞、啬、穑、濇、涩、圾。

三、凡 k、zh、ch、sh、R 等声母与韵母 UO 拼合时，不论现代汉语读何声调，都是古入声字

例如：

kuo：阔、括、廓、鞹、扩。

zhuo：桌、捉、涿、着、酌、浊镯、琢、啄、濯、擢、卓、焯、倬、踔、拙、斲、斫、斮、鷟、浞、棁。

chuo：戳、绰、歠、啜、辍、醊、惙、龊、婼。

shuo：说、勺、芍、妁、朔、搠、槊、箾、铄、硕、率、蟀。

ruo：若、鄀、箬、爇、蒻。

he：合、和。

四、凡 b、p、m、d、t、n、L 等声母跟韵母 ie 拼时，无论现代汉语读何声调，都是古入声字，只有“爹”字例外

例如：

bie：鳖、憋、别、蹩、瘪、别。

pie：撇、瞥。

mie：灭、蔑、篾、蠛。

die：碟、牒、喋、堞、蹀、谍、鲽、跌、迭、瓞、昳、垤、耋、绖、咥、迭。

tie：帖、贴、怗、铁、餮。

nie：捏、陧、聂、镊、臬、闑、镍、涅、蘖、孽、啮、囓。

lie：列、洌、烈、裂、洌、猎、躐、捩、劣。

五、凡 d、g、h、z、s 等声母与韵母 ei 拼合时，不论现代汉语读何声调，都是古入声字

例如：

dei：得。

gei：给。

hei：黑、嘿。

zei：贼。

sei：塞。

六、声母 f 跟韵母 a、o 拼合时，是古入声字

例如：

fa：法、发、伐、砝、乏、伐、阀、罚、发。

fo：佛、缚。

七、凡带韵母 ue 的字，都是古入声字。只有“瘸”“靴”除外

例如：

ue：曰、约、哕、月、刖、玥、悦、阅、钺、乐、药、耀、曜、跃、龠、钥、钥、瀹、爚、禴、礿、粤、岳、岳、鹭、軏。

nue：虐、疟、谑。

lue：略、掠。

jue：噘、撅、决、抉、玦、诀、玦、掘、桷、崛、角、劂、蕨、厥、橛、蹶、獗、噱、臄、谲、鐍、珏、孓、脚、觉、爵、嚼、爝、绝、蕝、矍、攫、躩、屩。

que：缺、阙、却、怯、确、榷、壳、悫、埆、确、阕、鹊、雀、碏。

xue：薛、穴、学、雪、血、削。

根据上面的分析，大部分的入声字，都可从现代汉语的读音来加以辨识，能如此，则对于诗的格律，自也不会觉得有什么困难了。

第二节　拗救浅析

我们都知道，格律诗有统一的格律规范，能收到抑扬顿挫和谐动听的艺术效果。但在写作过程中，往往会遇到语义节奏和形式化语音节奏出现矛盾的现象。一般来说，语义节奏要让路于形式化的语音节奏，否则，就会造成平仄不和谐、节奏不均齐的现象。不过有些语意、语义是无法改变的，改变之后，就失去了本意。也就是当语义节奏不能让路于语音节奏，又要保持音韵节奏和谐效果的时候，就要采用所谓“拗救”的方法。而在对联的应用中，也可以用格律诗的规则来进行拗救。

一、拗救概析

从广义上讲，格律诗中凡不合平仄格式的字就是“拗”，那么这个句子就是拗句。“拗”即不顺、拗口的意思，“救”即补救之意。当出现拗句，内容不能调整，为避免因照顾格律而损害诗意的情况，就要用“救”的形式调整、弥补。

“拗救”有条规矩，叫作大拗必救，小拗可救可不救。

“拗救”是不得已而为之，应尽量避免。通过“拗救”形成的句式，不可视为合律的正常句式。

二、拗救口诀

一些朋友对“拗救”望而生畏，是因为未能摸索出其规律，下面，是笔者对常用的几种句式[1]总结出的几句口诀，希望对大家的学习有帮助：

五言起式命攸关，[2]
七言二四不轻弹。[3]
仄仄变格孤平句，[4]
多是自救两平连。
大拗四六平仄脚，[5]
三字五字对句还。[6]
若是小拗何须救？
注意禁忌也得闲。

三、拗救原则

一是五言句的第二字不能拗，七言句第二、四字不能拗，必须合律。句末一字关系着押韵和相对，也不能拗。

二是不能出现孤平，孤平，即平脚句中，除韵脚外只有一个平声字。而且这个平声字与韵脚还不相连。

注：在孤平中，我们须认识一下“平仄仄平仄仄平”这个句式，因第一个平声字距韵脚太远，往往声韵不和谐，因此，也被归入“孤平”之类。

三是避免“三平尾”。三平尾指平脚句最后三个字全为平声。

四、拗救方法

拗救方法，归纳后有三种情况：

一是本句自救，指仄平脚和仄仄脚两种形式。

平平仄仄平

仄仄平平仄仄平

这两种句型，如果五言的第一字，七言的第三字用了仄声字，我们可以看出，就出现了“孤平”，这是不允许的，拗救的方法就是将五言第三字、七言第五字换为平声字。也称“孤平拗救”。

平平平仄仄

仄仄平平平仄仄

这两种句型有一个常用的变格，即五言三、四字平仄对调，把七言的五、六字平仄对调。对调后，五言第一字，七言第三字必须用平声。

二是对句相救，这是指出句是平仄脚的句型：

仄仄平平仄

平平仄仄平平仄

这两种句型，如果五言的第四字，或者七言的第六字用了仄声字，就必须把对句中五言的第三字、七言的第五字改用平声，此为大拗，大拗必救。

在平仄脚句型中还有一种情况，如果五言第三、七言第五字用了仄声，即：

仄仄仄平仄

平平仄仄仄平仄

这种情况，可以在对句相对的位置，即五言第三字、七言第五字用一个平声字相救。这种情况叫“小拗”，可救可不救。

三是诗句中有的地方出现拗字，可以不救，如：

五言的平平平仄仄，第一字如果拗，可不救。

五言的仄仄平平仄，第一字、或第三字如拗一个，可不救。

七言的平平仄仄平平仄，第三字或第五字，如拗一个可不救。

五、总结规律

根据上述内容，我们可以总结出几条规律：

1. 仄平脚的句子，如果拗，势必会出现孤平的现象。孤平，是本句自救，比如：

仄平仄仄平，救后变为：仄平平仄平。

仄仄仄平仄仄平，救后变成：仄仄仄平平仄平。

自救后，会有一个有趣的特点，就是句中会有两平相邻，也就是，拗字用与它相邻且非关键节奏点⑦的字来救，使之两平相连，消除孤平。

2. 仄仄脚的句子，会有变格，如五言“平平平仄仄”可变为“平平仄平仄”。变格后，第一字不可不论，也就是不能写成“仄平仄平仄”。

七言的“仄仄平平平仄仄”可变格为“仄仄平平仄平仄”，变格后，第三个字不再可平可仄，不能写成“仄仄仄平仄平仄”。这两种句式变格后的要求，也是为了使句子始终有两个平声字相连，相互照应。

3. 平仄脚的句子出现大拗，如“仄仄平仄仄”，就要把对句第三个字改作平声，即“平平平仄平”。

如“平平仄仄平仄仄”，则把对句的第五个字改为平声，即“仄仄平平平仄平”。

小拗“仄仄仄平仄”在对句相对的位置补个平声，七言小拗句式同。也可不救。

总结后，也就是把拗字对立音步⑧中非关键节奏点的字补救一个平声，使之节奏和谐。

4. 非关键节奏点中出现拗字，这个就比较容易了，首先，我们知道“一三五不论，二四六必分”，其实再加两句足以解决这个问题。即“一三五不论。二四六分明，勿用三平调，也忌犯孤平”。

人们提出“拗”的问题，是指在创作中不符合格律的现象。有学者认为，诗歌，表情达意才是最主要的，语义与格律产生矛盾的时候，应以达意为主，拗就让它拗去。

龚相在《学诗》诗之二说：“学诗浑似学参禅，语可安排意莫传。会意便超声律界，不顺拣石补青天。”他的意思是，诗句若能使人妙悟，这就够了，就可以超出对声律的考虑了。钟秀也认为：“诡于律固不可，拘于律亦不得。”为了遵守格律而妨碍情意的表达，这便是“拘于律”，拘于律者，殊不可取。

另外，从审美心理角度分析，和谐诚然是美的，因为它与人的心理节奏均衡律动相吻合，与人的情感追求愉悦舒畅相吻合。诗词，之所以形成格律，归根结底，是受到人的心中审美所约制。但是艺术存在可变的因素，因为艺术家造型法则本身就是一种变现方式。

我国诗词创作中的格律，是一种造型法则，是受情感和心理节奏支配的表现形式，因此，特定的情绪产生特殊的直觉，出现了艺术的可变因素，出现突破格律的现象，也是正常的，符合审美心理的现象。

在我国，七律虽成于杜甫的爷爷杜审言之手，但杜甫也不把格律视为一成不变的东西。

《瀛奎律髓·卷 25》云：“拗字诗在老杜集七律中，谓之吴体，老杜七言律 159 首，而作此体凡 19 出。不止句中拗一字，往往神出鬼没。虽拗字甚多，而骨格俞峻峭。”他认为，杜甫由于情感的特殊需要，有些句子拗了，反而形成了峻峭的美。

又比如黄庭坚，为了感情需要，甚至特意让诗句出现拗句，其常有此惊人之举。

归纳拗救的方法来看，在句中出现与格律规范不协调的字眼时，设法让不协调状态再一次出现，这种重复即让读者受到刺激，意识到它是作者有意安排的不和谐音型，从而感到突兀、挺而不群。

所谓拗救，无非是让诗句重复出现，并且拖长不和谐音的呈现，加强刺激的力度，反使听众易于接受。正如万树在《词律·发凡》中说："其拗处即顺处。"

诗歌发展到今天，格律已相对宽松，根据以上我们了解的拗救规矩及含义，总的来说，拗句，始终是影响声律节奏的主要因素之一，是在不得已的情况下，采取积极措施，保持音调格律的均衡。如果作者懂得拗救，懂得音调组合的法则，或许对创作也有一定的作用。

【注释】

① 常用句式：此外还有特拗等句式，因其形式句式对声韵影响过大，兹不推荐使用。

② 五言起式：平起式或仄起式，指音步。

③ 二四：指句子的第二位和第四位字。

④ 仄仄变格孤平句：指仄仄脚的变格和仄平脚的孤平句。

⑤ 大拗四六平仄脚：指在平仄脚中，五言第四位、七言第六位出现大拗。

⑥ 三字五字对句还：指在对句中，五言的第三字、七言的第五字。

⑦ 非关键节奏点：指律句中一、三、五的位置。

⑧ 音步：诗歌中的基本节奏单位．一个音步一般含有两个或更多的音节，其中有一个音节承担主要重音。

第三节　组句技巧

对联的组句技巧是使对联在文句组合上表现出某些特色，以获得某种艺术效果的方法。

属于组句技巧的有换位、串组、分总、缺如、重言、两兼、同出、连珠、越递、虚字、拆词、回文、列品、互文、绘态、歧义、巧辞等。

一、换位

换位，就是把句中词语的位置加以对换，从而适应某种需要。一般分为三种：

1. 一联单换，即两联中只有一联有换位。如：

五风十雨梅黄节；

二水三山李白诗。

这副对联中，下联没有换位，而上联中的“梅黄”，将“黄梅”换位成“梅黄”，以对“李白”。

2. 各联自换，即上下联均有换位，但都只在本联内进行。如：

八十君王，处处十八公道旁介寿；

九重天子，年年重九节塞上称觞。

上联“十八”恰好是“八十”换位而成，“十八公”即“松”字；下联中“重九”，也换位成“九重”，与之前后相对，非常贴切。

3. 两联互换，这种换位又叫“异位互重”，即上下联都用了同一个字或者词，但在相应的位置上交叉相对。如：

子将父作马；

父望子成龙。

下联中的“父”与“子”就是上联中“子”与“父”的换位。再如：

一人千古；

千古一人。

这是林森挽孙中山的联。下联中的“千古”与“一人”是上联中的“一人”与“千古”的换位，意思却各不相同。再如：

寸管难书三尺意；

三尺常对寸管情。

此联中“寸管”与“三尺”在上下联中互换，各言其事。

春开乡野千丛翠（网友梅风）

翠染山川万里春（网友横流）

以这联为例，翠和春异位互换，就属于第三种情况。

出句：幸有青山共白头（网友剪雪为诗）

对句：恨无白帝开青眼（网友不曾有意）

二、串组

串组，或称组串，就是将一些本来没有联系的事物的名称按一定的规律串联起来，从而使之表示出某种意思。用串组法制作的对联，常见的有组串人名、地名、植物名、词牌名等。请看下面这副对联：

碧野田间牛得草；

金山林里马识途。

这是在 1982 年，由中央电视台等单位联合举办的春节征联活动中，择优选出的一副对联。上联为出句，下联为首选对句。上下联各由三个人名连缀成句，意义连贯，毫无生硬之感，堪称组串佳对。

碧野/田间/牛得草；

金山/林里/马识途。

再看由词牌组串的一副巧联：

水仙子持碧玉簪，风前吹出声声慢；

虞美人穿红绣鞋，月下行来步步娇。

联中串出六个词、曲牌名——《水仙子》《碧玉簪》《声声慢》《虞美人》《红绣鞋》《步步娇》，描绘出了一幅美人轻移莲步，观月赏景的美丽卷。

三、分总

像列品法排列物品那样组句，但有分述有总述的制联方法称为分总法。使用分总法，必须集三个以上的物品并列排列，而且中间不用其他词语混杂间隔。分总法主要有先总后分和先分后总两种形式。

1.先总后分

请看北宋文学家刘攽对王安石联：

三代夏商周；

四诗风雅颂。

刘攽才华出众，王安石有意以此联难他，然刘稍思片刻便对出了下联。此联难度在于解决下联总括数目与列品数目字、义与上联的矛盾，或多或少都很难成对。刘以巧取胜，别开洞天，从《诗经》

中独辟蹊径。风、雅（大雅、小雅）、颂为《诗经》的四个组成部分，其中雅分大雅、小雅，历史上通称为四诗。以“四诗”对“三代”，以“风雅颂”对“夏商周”，妙语惊人，被称为传世绝对。

长联中总分运用更多，如：

胜地尽洞天，有墨客狂生，谈情论道；

荔园多雅致，听管弦丝竹，醉月落花。

2.先分后总

先分述事物的几个种类，再进行总述，如邓琰的自题碧山书屋联即属此类：

沧海日，赤城霞，峨嵋雪，巫峡云，洞庭月，彭蠡烟，潇湘雨，武夷峰，庐山瀑布，合宇宙奇观，绘吾斋壁；

少陵诗，摩诘画，左传文，马迁史，薛涛笺，右军帖，南华经，相如赋，屈子离骚，收古今绝艺，置我山窗。

作者在这副联中，上下联分别用九种事物排列，这种对法又称连环法，此联即为九连环，环环相扣，节奏紧凑，音调铿锵，回环跌宕，气势宏大，可谓波澜壮阔，在对联中是不多见的。制作这种对联，应当注意上下联所排列的事物、结构必须一致，比如上联是偏正结构，下联也应当采用偏正结构。如：

鄙世人之大同，是泰半追名，泰半逐利，

置志趣于高雅，或一生伴水，一生居山。

很明显的总分结构。

再如：

心醉如斯，看碧树缠绵，流云旷远；

梦闲如许：有清风应和，白日旁观。

总分和分总在对联的实际创作中运用广泛，在一些征联中，要求概括当地特色，咋办？运用这个机巧，就好办多了。

四、缺如

指人们在作对联时故意空出某个字让别人去填补，两联的重心则正在空出的字上这样一种情形。如：

醉翁之意不在；

君子之交淡如。

（缺了酒和水）

据说，袁世凯死后，有人写过这样一副对联：

袁世凯千古；

中国人民万岁。

这副楹联故意不按楹联做法之常规去写，上联五个字，下联六个字，使其不能成对，这样的对联按属对要求是绝对不可以的，但此联正是用属对中的“失对”术语，向人们暗示“袁世凯对不起中国人民”之意，作者利用缺如的手法表达了言外之意所产生的艺术效果。借此，方使这一巧联流传于世。

五、重言（复字）

重言，就是在一联中多次使用某个或某些词语，以取得某种艺术效果。有以一个字为单位进行重言的，也有以几个字为单结重言的。重言还是比较实用的一个淬炼写作方法，如：

不生事不怕事自然无事，

能爱人能恶人方是正人。

作自由联，听见本初听见古；

交国粹友，忘得风雨忘得晴。

六、两兼

两兼即指在一副对联中一个字可与前后的字同时组词，在读时可读成两种组合句式，两种效果。请看下联：

李东阳气暖；

柳下惠风和。

此联巧在以不同句式的读法读出不同的效果，若按三、二句式读，可读出两个人的名字：李东阳和柳下惠。

如按二、三式去读，其意义则变成了这样的意思：李树的东边阳气暖，柳树的下边惠风和。

七、层进

层进就是层层推进的意思，常见于加字联的玩法，如石成金《笑得好·风雨对》中有记载：一嗜酒的先生与学生对联：

先生出字：雨；　　学生对字：风。

先生又说：催花雨；　　学生又对：撒酒风。

先生又曰：园中阵阵催花雨；　　学生又道：席上常常撒酒风。

先生说："虽然对得好，只是不该说先生的短处。"学生说："如果先生再不改过，学生就是先生的先生了。"联中"风"谐"疯"，字数由一而三而七，直推进到先生自感有愧，无从再对下去。

八、对比

对比，就是把两种相同或者相反的事物，或一个事物的两个方面放在一起，加以比较，使彼此都显得更加明显突出，如：

万寿无疆，普天同庆；

三军败绩，割地求和。

再如：曾经有人写过一个“九一八事变”的：

回忆每伤怀，平静当中，当时我国失三省。

世仇犹在眼，觥筹影里，此岁无人奠一杯！

上下一对比，意思就加强了。

九、同出

把反映一件事物的不同表现或出自同一根源的不同形态的词语连接在一起，表达一定意思的联，叫同出。

炭黑火红灰似雪，

谷黄米白饭如霜。

不同形态的词语连接在一起，主题十分明显。

十、连珠

连珠又叫顶真，是将前一句或前一节奏的尾字又作为后一句或后一节奏的首字，使两个音节或两个句子首尾相连，前后承接，产生上递下接的效果，好像串珠子似的一种制联方法。

用顶真法创制的联语，语句递接紧凑，生动明快方为佳联。顶真与叠字形式相仿但本质不同，顶真可以是一个单字，也可以是一个复词或词组，既可以一次使用，也可以重复使用。如：

大肚能容，容天下难容之事，

开口常笑，笑世间可笑之人。

十一、越递

越递又称巧意、层递。即在联语中将某一词语越过一词，而使之递进。此法有两类：凡由浅入深、由表及里、由低到高、由小到大的推进方法就叫阶升法。反之为阶降法。

十二、拆词

在同一联中，若将一个词做词用之后，又做词组用，就叫拆词。

十三、回文

使联语的上下联顺读、倒读皆能成联，且贴切而不混乱，这种制联方法称作回文法。

十四、列品

对联中常常列举三个以上的事物，中间不用别的词语隔开，这种手法谓之列品。

十五、互文

互文也称互参，它的手法是把本应该合起来的话分作两句说，使两者互相补充、渗透。

十六、绘态

用某些词语将某种情态活画出来，谓之绘态。

十七、歧义

利用文句不打标点而全凭人们自行意会这一特点，故意使一句话产生两种或者两种以上不同或者不完全相同的意思，就叫歧义。

十八、巧辞

巧辞，是对联的写作技巧之一，但又不同于一般的写作技巧。它运用不同寻常的思维方式，使联意达到一种妙不可方的境界，但就字面来说，是找不出什么特殊标志来的。巧辞常见的手法有两种：

借助某种特殊的逻辑推理以求其巧者，此其一。下面一例属于此类。

三国时关羽的夫人为何许人也，谁也不知道。但某地有人爱屋及乌，居然给她也建起庙来。祠庙建好后，得写副对联在大门上，请了许多人，都无从下笔。最后有人挖空心思想了这么一联：

生何氏，殁何年，盖弗可考矣；

夫尽忠，子尽孝，岂不谓贤乎！

作者在上联中，承认对关夫人的情况实在是一无所知，于是下联就只好这样说：她丈夫那么好，儿子也那么好，自己还能不好吗？这个推理，要仔细想来，也恐怕未必；但是，世人既敬重关氏父子，对关夫人自然不会往坏处想，这样一来，本来成问题的逻辑也就不成问题了。

玩弄诡辩的把戏以显其巧者，此其二。下面一例属于此类。

明代，福建莆田有个戴大宾，幼年即以才气著名。13 岁时有位客人找他父亲，见他在庭院中玩耍，想试试他到底如何，便以对子考他。

出句曰：月圆。

对曰：风扁。

客问何以风是扁的，答云：风见缝就钻，不扁怎行？客认为有理，于是又出曰：凤鸣。

对曰：牛舞。

客问牛何能舞，答云：《尚书》言“百兽率舞”，牛亦兽，自在其中。客人大加赞赏。

戴大宾的两个对句，说是亦是，说非亦非，于似是而非之间令其似非而是，非高手也不能为。

运用巧辞这种技巧的对联，文辞一般都比较朴实，但其别出心裁，能产生巨大的艺术感染力，这正是它高出一般对联的地方。

十九、玻璃体对联

它有几个特点：

一是撇横等同，所以千干同列，千重都是；

二是撇、竖、竖钩等同，所以月、于都是；

三是以隶书为基本字体，甚至于小篆体，例如“丝”，楷体、宋体都不行，但是隶书、篆体就可以；

四是无论繁体、简体，还是异体字，只要其中有一种通过，这个字就认同了。例如万、东等等。

作业：

请作一副换位的联、一副总分或者分总的联、一副重言的联、一副顶真联。

第四节　对仗方法

对仗是中国楹联最根本的特征，何为对仗？古人谓之“实对实，虚对虚”，“有无虚与实，死活兼重轻”，今人则总结为“六要素说”。然而，这只是理论上的清规戒律，在实际对联创作中，其对仗却是千变万化、异彩纷呈的。当然，万变不离其宗，“对仗”的核心原则总是贯串其中，否则，无以名之对联。对联有多少种对仗方式？古今有很多人从不同角度提出过种种模式，如“工对、宽对、借对、自对、蹉对”等，大多已约定俗成。本节试从格律、联意、内容、语体、句式等几个方面概括总结一下各种主要的对仗方式。

一、格律论对

每一种格律体文学（又谓韵文）皆有其严格格律。对联的格律即为“对仗”，即“六相”：字数相等、词类相当、结构相应、节奏相同、平仄相谐、意义相关。根据对仗的宽严程度，可分为工对、宽对、失对三种。

1. 工对

工对也就是严对，要求严格遵守对仗的“六相”原则，尤其是词类相当、结构相应、节奏相同三个基本原则。特别是词类对仗，要求所对仗的词属于同一小类。在我国传统的诗联创作中，词可划分为 28 小类，即“天文类、地理类、时令类、宫室类、器物类、衣饰类、饮食类、文具类、文学类、植物类、动物类、形体类、人事类、人伦类、代名类、方位类、数目类、颜色类、干支类、人名类、地名类、同义连用字类（如“格调”）、反义连用字类（如古今）、连绵字类、重叠字类、副词类、连介词类、助词类”。

试看福建福州小西湖一联：“桑柘几家湖上社；芙蓉十里水边城。”“桑柘”“芙蓉”同属植物类，“几”与“十”同属数词类，“湖”与“水”同属“地理类”，“上”与“边”同属方位类，“社”与“城”同属宫室类，诚工对也。小类相对中，数目、体形、颜色、方位更是自成一格。如：

数目对：“一诗二表三分鼎；万古千秋五丈原。”（五丈原联）

形体对：“四面湖山归眼底；万家忧乐到心头。”（岳阳楼联）

颜色对：“莫到街头寻白雪；应知室内有红颜。”（作者自撰联）

方位对：“福如东海；寿比南山。”

相对仗的词是相邻的小类，也被认为属工对。王力在《汉语诗律学》中把用于工对的相邻小类分为二十种，分别是“天文对地理、天文对时令、地理对宫室、宫室对器物、器物对衣饰、器物对文具、衣饰对饮食、文具对文学、植物对动物、形体对人事、天干对地支、人伦对代名、疑问代词对副词、方位对数目、数目对颜色、人名对地名、同义字对反义字、同义字对连绵字、副词对连介词、连介词对助词。”

兹举岳阳楼一联：“杜老乾坤今日眼；范公忧乐古人心。”此联中，“乾坤”对“忧乐”系同义字类对反义字类，也觉工稳。此外，工对还有几种权变方式，一是自对，一是借对，三是蹉对。对联尽力求工，但求工太过，会走向反面，形成同义反复，则是作联之大忌。诗联学中称之为“合掌对”。

如下一联：“长空展翅；广宇翔云。”

长空，即广宇也。展翅，亦翔云也。八个字中，四个字乃白用矣！即为合掌，不成联对！

2. 宽对

相对于工对而言，对仗的要求可适当放宽，古今楹联作品，以宽对为主，因为刻意求工，往往因词害意，步入形式主义。因此，高明的联家往往是顺其自然，能工则工，难工则宽。

宽对有如下几种情况：一是相同的词性即可以对仗，不必再分小类。二是不同词性的词只要具有相同的语法功能，亦可对仗。

如北京古藤书屋一联："一庭芳草围新绿；十亩藤花落古香。""芳"为形容词，"藤"则为名词。但同是修饰后面的形容词，对亦可也。

宽对的情况之三是上下联语法结构有异。情况之四为同字对仗。工对忌重字，宽对则不避。最典型的莫过于岳阳楼一联："洞庭天下水；岳阳天下楼。""天下"二字完全重复。但用在这里似乎并不使人感觉重复，反而感受到一种特别的气势。情况之五为局部不对。如集毛泽东、周恩来诗（词）句一联："不到长城非好汉；难酬蹈海亦英雄。"全联仅有"长"与"蹈"不对，作为一副集联，也算难能可贵的了。

3. 失对

上下联全体或部分完全不符合对仗规则的，即为"失对"。全联完全失对者，自然不算是对联，而部分失对者，则称之为"病联"。古今联坛，"失对"与"病联"可以说比比皆是，甚至在一些名家名联中也并不罕见。

如佚名题乌江项王祠联：“司马迁本汉臣，本纪一篇，不信史官无曲笔；杜师雄真豪士，临祠大哭，至今草木有余悲。”联中“本纪一篇”与“临祠大哭”，全不对仗，是典型的“失对”。

二、变格论对

任何格律都不是铁板一块，否则就会束缚实际创作。对联的对仗也存在一些权变，可称之为变格对仗。“变格”的出现丰富和发展了对联的对仗技巧。变格对仗主要有借对、自对和蹉对等。

1.借对

在使用某个字词的甲项时，又借用该字词的乙项来与另一个字词相对。借对又谓之“假对”。

借对分为如下几种：

借音对：“曾经沧海千重浪；又上黄河一道桥。”其中“沧”借其音近字“苍”对“黄”。

借形对：昆明五华书院联：“高山仰止，景行行止；卿云烂兮，糺缦缦兮。”“景行行止”原本节奏应为“景行——行止”，这里借其“景行行——止”外形与“糺缦缦兮”对仗。

借声对：某地孔庙联：“德配天地；道冠古今。”其中“冠”应读仄声，此处借其平声“冠”对仄声“配”。

借通假字对：方尔谦贺女儿婚联：“两小无猜，两个古泉先下定；万方多难，三杯淡酒便成婚。”“泉”通“钱”。这里不用“钱”而用“泉”，无疑是借其通假字与“酒”对仗。

2. 自对

自对，亦称“当句对”“就句对”“边对”，即“于一句中自行对偶”。这种对法起源于唐代的诗文创作，后在对联中逐渐使用开来。从对仗的字数上看，有单字自对与非单字自对，前者如：“正邪自古同冰炭；毁誉如今辨伪真。”此为杭洲西湖岳墓联。“正”与“邪”，“冰”与“炭”，“毁”与“誉”，“伪”与“真”皆单字自对。

非单字自对，如：“横空出世；继往开来。”自对中，有的是既联内自对，又上下联彼此相对。如上面两副例联。有的则仅仅是联内自对，上、下联之间并不对仗。这种情况不能认为是“失对”。王力在《汉语诗律学》中说：“如果上联句中自对，则下联也只须句中自对，上联与下联之间不必求工。”又说：“甚至上联和下联之间完全不像对仗，只要句中自对是一种自对，全联也可以认为是工对了。”

如下一副集《兰亭序》联，就是一副自对联：流水长亭，春风静宇；幽兰一室，修竹万山。

自对格式十分复杂，有人罗列出数十数类型。

这里另介绍三种特殊的自对句型：（1）虾须对。上下联各有三句。前两句自对。举例略。（2）燕尾对。上下联各有三句。后两句自对。举例略。（3）鼎足对。上下联各有三句。三句皆自对，如某人自题联：三分水，二分竹，一分屋；前听钟，后听笛，里听书。

3. 蹉对

《辞源》云：“蹉对，诗歌对仗中对应位置不同，参差为对。”亦称“交股对”。蹉对见于诗歌，也见于对联。

如吉林北山公园旷观亭联：“登高远望，四面云山，千家烟树；长啸临风，一川星月，万里江天。”“登高远望”与“长啸临风”对角线位置交叉成对，即“登高”对“临风”，“远望”对“长啸”。现今联家已很少使用“蹉对”。

三、联意论对

一副对联由上、下联两部分组成。从上、下联联意的相互关系看，存在着并立、对立、顺连三种方式。人们习惯称之为正对、反对、串对。

1. 正对

上下两联，角度不同，意思互相补充，内容相似或相关。

如毕沅题岳阳楼联：湘灵瑟，吕仙杯，坐揽云涛人宛在；子美诗，希文笔，笑题雪壁我重来。上联写两位传说中的神仙美眷，下联则写两位诗哲文豪。互相映衬。

2. 反对

上下两联，一正一反，意思互相映衬。

著名的反对联应是清代徐氏女题西湖岳飞墓联：“青山有幸埋忠骨；白铁无辜铸佞臣。”上联之褒，荣于华衮；下联之贬，严于斧钺。对比尖锐，爱憎分明，产生了巨大的艺术感染力。

较长联中使用反对的如：“上官吏彼何人？三户仅存，忍使忠良殄瘁；太史公真知己，千秋定论，能教日月争光。”这是汨罗屈子祠一联，写的也是奸贤两种人的对比。上官大夫靳尚陷害屈原，司马迁高度推崇屈原，《史记》谓之“虽与日月争光可也”。

3. 串对

串对又名“流水对”，上、下联意思顺连，在语法上形成一个复句，构成连贯、递进、转折、选 择、假设、目的等复合关系。

格言联如：“欲知千古事；须读五车书。”集杜甫诗联如：“读书破万卷；落笔超群英。”这两副皆是典型的“流水对”。关于正对、反对、串对，刘勰《文心雕龙；丽辞》中说“反对为优，正对为劣”，长期被奉为金科玉律，实则是片面之论。

四、内容论对

从对联的内容看，不外乎一是材料事实，二是观点情感。古人谓之言对与事对。

1. 言对

言对，指建言立论的对联作品。类别包括言志联、题赠联、说理联等，侧重于用抽象的思想与言辞，表达某种情感和见解。

如清方子云自题联：“目中自谓空千古；海外谁知更九州。”俞樾集《纪太山铭集》云：“观五岳而知众山小；凡百川咸于大海归。”

2. 事对

选取重要的材料和准确的史实作联，以事对事。

“夏鼎商彝，秦碑汉瓦；刘略班艺，贾策扬经。”这是一副概述我国古代优秀历史文化的对联，是典型的事对。有的事对在其叙事描述中暗含某种情感志向。如左宗棠自题联：“文章西汉两司马；经济南阳一卧龙。”

五、句式论对

联分上、下（联），贴于楹柱则谓之左、右。上、下联的句式可以分为三种。每边一句者，谓单句对。每边二句者，谓双句对。二句以上则谓多句对。

1. 单句对

单句对多为四字联、五字联、六字联、七字联。其中五、七言最多。也有八字联。

如杭州飞来峰联："飞峰一动不如一静；念佛求人不如求己。"九字、十字乃至十一字、十二字、十三字的单句对极为罕见。

九字联如："天下断无易处之境遇；人间哪有空闲的光阴。"

十字联（曾国藩）如："李谪仙欲以千金裘换酒；陶彭泽不为五斗米折腰。"

十三字联如："奈何铁马金戈仅争得偏安局面；至今山光水色犹照见一片丹心。"（西湖岳王坟联）

2. 双句对

双句对可分为两种，一是整齐双句对，最常见的是"四、四"句式。

如汉阳俞伯牙琴台联："志在高山，志在流水；一客荷樵，一客听琴。"

也有"三、三"句、"五、五"句式、"六、六"及"七、七"句式的。

如："集芙蓉以为裳，又树惠之百亩；帅云霓而来御，将往观乎四荒。”此为郭沫若题汨罗屈子祠联，是“六、六”句式，是与整齐双句对相反的参差双句对。句式繁多，最常见的是“四、七”句式与“七、四”句式。举例从略。在双句对中，若非自对，便必是“一、三句”对仗与“二、四句”对仗，即隔句对仗。这种对仗俗称“扇对”“开门对”。

3. 多句对

多句对以三句对居多，还有四句对、五句对、六句对、七句对，乃至更多。余德泉教授《对联格律对联谱》对此进行了深入研究。他列举的最高多句对为每边二十五句者，即蔡千军拟题月亮岛望江楼联。

五、语体论对

对联的语体，可分为两大类。一是韵文体，一是散文体。从语体看对仗，可分为韵文对与散文对。

1. 韵文对

韵文，又可称古典格律体文学，包括诗、词、曲、赋、骈体文等。以韵文句式、语体入对，在对联中占主要的比重。韵文入对主要又有如下几种情况：律句型：五、七言工对几乎都是律句型。

“辽海吞边月；长城锁乱云。”（居庸关联）

“悲欢聚散一杯酒；南北东西万里程。”（敦煌阳关联）这些对联既是对联又像格律诗。

句型还包括由五、七言律句复合成的较长联。

“五、七”句式的如：“造物忌多才，龙凤岂容归一室；先生如不死，江山未必许三分。”此为湖北蒲圻凤雏庵联。“五、五”句式如杭州适园一联：“似入万重山，不离三亩地；欲穷千里目，更上一层楼。”

如桃花园一联：“洞辟几时？问桃花而不语；亭踞一角，对潭水以怀情。”骈律混合句型：最典型的“七、四”句式与“四、七”句式。这两种骈律混合句型在联语中举不胜举。

前者如解缙联：天作棋盘星作子，谁人能下？地为琵琶路为弦，哪个敢弹。

后者可举解缙的另一副咏芦竹名作：墙上芦苇，头重脚轻根底浅；山间竹笋，嘴尖皮厚腹中空。

2. 散文对

散文对又可分为两种，古文对与白话文对。清代俞樾喜以古文句式入联，不工而化，登峰造极。无独有偶。近代陶行知则喜以白话口语入联，通俗易懂。

俞联如：生无补乎时，死无关乎数。辛辛苦苦，著二百五十余卷书，流布四方，是亦足矣；仰不愧于天，俯不愧于人。浩浩落落，数半生三十多年事，放怀一笑，吾其归欤！

六、其他对式

1. 羊角对

羊角对，诗钟之谓也。亦称“十四字诗”“雕玉双联”“折枝诗”等，诗钟乃命题作对，一曰分咏，上下联分别吟咏两种事物，往往是绝不相关的两种事物。二曰嵌字，随意取两字，分嵌上、下联中。诗钟，尤其是分咏体诗钟，不能认为是正格的对联。就像“无情对”一样，对而不联。如：难凭只手擎南宋；能使双眸复大明。上联咏文天祥，下联咏眼镜，可谓风马牛不相及，然而形式上字字可对。

2. 无情对

“无情对”可能起源于明代。冯梦龙《古今谭概》卷二十九“谈笑部，随口对”中有一联：“庭前花始放；阁下李先生。”李先生即李东阳。此联字面对仗，而内容互不关联。这就是无情对的特点，而且内容愈相去万里，便愈成佳作。

以清代“张之洞”入对的无情对极富趣味：张之洞；陶然亭。“无情对”多属文字游戏，也有包含深刻内容的创作。

3. 拙形对

和“无情对”相反，字面不怎么对，而内容有绝妙可对处。此类对仗十分罕见，但确有此类对联。相传明代哲学家陈琛少时，其父老友出联云“老虎”，小陈琛对曰：“海蜇”，老世伯谓其不对。小陈琛辩解说：“‘老虎’乃‘山君’，‘海蜇’称‘水母’，‘水母’对‘山君’，不对吗？”老世伯顿时语塞。

《中国楹联报》上曾有作者撰文介绍说：清代咸丰年间，有人举“墨”字求对。不少人以“笔、纸、砚、书”等字去对，均不见佳。只有一人以“泉”字应对，被公推为最佳下联，流传至今。这副一字联写出来就是：墨；泉。单从词类上看，以“笔、纸、砚”等对“墨”似无不可。因为它们同属“文房四宝”。但以“泉”字应对却打破了固有的应对思维模式。它在字的“组成”上巧做文章。“墨”

者，“黑土”也；而“泉”者，“白水”也。“白水”恰可与“黑土”构成工对。以“泉”对“墨”，妙在对中有对，联中有联。

羊角对、无情对是对而不联，另外还有一些更特别的对联，它们是“联而不对”。既然不对，似乎不应称为对联，但因其有意不对，故称为不对之对。不对之对虽形式不对、表面不对，而本质、内容绝妙可对，令人拍案叫绝。

4. 少字对

即故作字数不等。如讽袁世凯联：袁世凯千古；中华民国万岁。意谓袁世凯对不起中华民国。

5. 同字对

上下联全部重字。相传清朝纪晓岚曾送给一个铁匠一副一言联：酉：酉：上联是个“酉”字，下联还是“酉”字，而且这“酉”字怎么说也与打铁无关。铁匠自然不明所以。纪晓岚解释道：“上联正看，是你的打铁砧；下联横过来看，是你的风箱。”铁匠这才恍然大悟。

徐渭有一联，见于清代李伯元《南亭四话》：好读书不好读书；好读书不好读书。怎么回事？上下联都一样？确实，上下联字字雷同，完全一样，但上下联又不一样。上联说：好（hǎo）读书不好（hào）读书。下联说：好（hào）读书不好（hǎo）读书。对联意思很明白：年轻时耳聪目明，精力充沛，正是好好读书的时候，却不爱好读书；到老了，想读点书，却耳聋眼花，体力不支，不能好好读书了。

6. 缺字对

《一夕话》载旧时一知府与一童子的对句："童子六七人，毋如尔狡；太守二千石，莫若尔 X。"下联童子故意留一个字不说，知府问是何字。童子云："给我赏钱，则是'廉'字，不给则为'贪'字。"有的缺字故意用"？"代替。

算式联：1999 年 3 月 19 日，著名数学家陈景润先生去世，享年仅 63 岁。为纪念这位大师，有人作了如下一副"算式联"：1+2；7×9。上下联均为算式。上联"1+2"，是指哥德巴赫猜想中的"1+2"命题。这是陈景润以毕生精力攻克的一个世界数学难题。这个"1+2"，早已成陈景润先生的象征。下联"7×9"，七九六十三，既表明他的享年，同时也是痛悼大师英年早逝。

7. 外文字母联

联语中插入外文字母，以表达中文不能表达或不便表达的意义。尚没有看到全部为外文字母的对联。笔者所见，有一副半外文字母联，说的是民国时期，某地一位数学教师因工作劳累过度病死，留下一家老小，状况十分可怜。同校一位英语教师，作了这样一副对联：为 XYZ 送了君命；叫 WFS 依靠何人？上联的"XYZ"，是数学中常用的未知数符号。这里借指数学。继而借指数学教学工作。下联"WFS"分别是英语单词"Wife（妻子）、father（父亲）和 son（儿子）"第一个字母。

8. 倒字对

据季世昌、朱净之《中国楹联学》等多本联书载：1931 年日军大举侵华的“九一八”事变发生后，我国民众十分愤慨。有人愤而为死难烈士写下一副仅两字的奇特挽联：死；生。（倒写）上联是一“死”字，下联则是一个倒写的“生”字。全联意思是：宁可站着死，也不倒着生！

9. 无字对

在民间，有一种奇特的“无字对”。它多用于春联，只贴两张红张，纸上不写一字，也没有其他任何符号，取一年平安无事之意。

10. 哑对

又叫无音联，指用手势演示事物的形象特征来表达联意，而不用语言文字说出或写出，双方意会而不言传，心照不宣。历史上最有趣的一副哑联，是苏东坡和他的好友佛印和尚合做的。说的是苏东坡谪贬黄州期间，一日与佛印泛舟长江。二人酒过三巡，佛印向东坡索句。东坡从舟中走到舟边，叫了一声佛印，随即用手往左一指，笑而不语，佛印循着所指方向望去，只见岸上有只大黄狗正在啃骨头。佛印心有所悟，呵呵一笑，随即将自己手中题有东坡诗句的大蒲扇抛入江中。原来他们二人的动作是一副精巧的哑联。用文字写出就是：狗啃河上骨；水流东坡诗。河上骨，谐音“和尚骨”；东坡诗，谐音“东坡尸”。这当然是两人谐谑打闹之语。

11. 绝对

绝对，即未获得足与匹配下联的单对。绝对一般是相对而言的。单对，当时无人能对，是绝对，但过了若干年，有人对上了，便不再是绝对。如清代某名士曾登四川望江楼作一上联：“望江楼，望江流，望江楼上望江流，江楼千古，江流千古。”同韵反复，音节谐美，允称佳句，但他苦思不得下联，抱撼而去。直到20世纪30年代，川人李洁玉，从薛涛井旁“古印月井”四字得到启发，才对出了绝妙的下联：“印月井，印月影，印月井中印月影，月井万年，月影万年。”

清代纪昀曾谓：“天下无不可对之对。”可事实上天下确有一些巧妙单对未有佳偶。其中最著名的当属纪夫人所出，难倒一代天才纪晓岚本人的一则上联：“明月照纱窗，个个孔明诸葛亮。”200多年来，许多文人墨客为此联绞尽脑汁，但一无所获。此联巧嵌诸葛亮的名与字，且联内三处自对。即“个个”对“诸”，“明”对“亮”，“孔”对“葛”，而意境优美，音韵嘹亮，出语天然。要成功应对有极大难度。有人谓此绝对乃中国对联的“哥德巴赫猜想”和“珠穆朗玛峰”，信乎！

12.五行对

五行对的特点是按金、木、水、火、土出句，每句五个字；出句中五个字，每字各占一行，而对句中的五个字金木水火土五行位置要与对句一致。要求上下联金木水火土五行位置一致且能表达一个完整意思的的对联叫五行对联。例句：“铁杵消灰堵，银枪泻火城。”上联是笔者看锅炉工人烧锅炉时得到的，工人用铁杵把灰堵从炉堂里拉出，这个动作启发了笔者。下联是看消防队员消防演习时得到的，队员用水枪来灭火。水枪为白色。以上是正格五行对的例子。

五行对也有变格。请看由纪晓岚的夫人做的第一出句，纪晓岚做的第一对句：“烟锁池塘柳（小月），炮镇海城楼（纪晓岚）。”因为纪晓岚的城字出律，对联大全仍将“烟锁池塘柳”列为无对之联。

活动探究三：南岭采风

附：对联创作六原则

一、工

工，首先是指工整。一副对联，应做到字数相等，词性相同，平仄相谐，句式相仿。就是说，要完全合乎或基本合乎对联的特点和规律。工整，是写对联最基本的要求。

古人（或者说前人）作对，是很讲究“工”的。清代以前联书，选联都比较严，几乎没有不工的。民国时期的联书，如胡君复的《古今联语汇选》各集所收之联，也都选得很认真。当然，也有些书选得随便一些。近年的联书中，确有一些是不够严谨的，尤其所选入的新对联，一些不工整的对子，也“登堂入室”，使人们对新对联的创作产生了疑虑。究其原因有两个方面，一是作者本身缺乏严肃的创作态度，二是编选者没有逐联推敲，东抄西摘，凑成一本就算大功告成，便一误己再误人了。笔者以为后者责任更大些，如果按“虽少而精，宁少勿滥”的原则办事，那些十分不工整的“对联”便会永无出头之日，那将是联坛的幸事。

这里，不想举例了，只是提醒读者：莫以为印成铅字的都是好对联，都是“范文”。

工，还有“精巧凝练”的意思。笔者大致估算过，七言以下的对联，能占到对联总数的一半以上，九十字以上长联，还不及百分之一。它以有限的数字，表达无穷的、丰富的思想、感情和意象，在构思、布局、用字、遣词、造句等方面，达到精巧和凝练。

不懂得惜墨如金，是对联不工的一个毛病。1986 年全国“慰问前线，缅怀英烈”征联活动，初评入选的对联中，就有这样“不精”的对联，试举两例：

编号“283”联：

山美水美，山水美，哪有英雄心灵美；

日高月高，日月高，何及战士风格高。

评委认为“山水美”“日月高”是多余的巧意，应变为：

山美水美，哪有英雄心灵美；

日高月高，何及战土风格高。

编号“272”联：

边关御寇，火中屡建千秋功业；

大地迎春，天下同歌一代英雄。

评委认为“火中”“天下”为赘语，不如删去成为“四六”句式更为凝练：

边关御寇，屡建千秋功业

大地迎春，同歌一代英雄

当然，经过“阑尾切除术”的对联，不可能再得一、二等奖了，得纪念奖还可以，因为作品毕竟还可以“救药”，否则，评委们连议都不必议了。

二、稳

稳，即平稳安定的意思。循规蹈矩，能求得安稳；标新立异，也同样能求得安稳。如同建筑，无论样式如何，都必须基础稳固，形象端正。作对联也是这个道理。

稳有其外在的表现形式。选择句式时，多将短句置于前，长句置于后。比如，十言联中，四六句式就比六四句式显得稳重；十一言联中，四七句式居多；十二言联中，五七句式为主；十八言联，一般为六五七句式，若“六六六”则呆板，若“七六五”则不稳，几乎没有人这样用，道理就在于最后用字数多的句子，可以把前面的话“托”住。另外，还有一种领字的情况，领字可以理解为是合起来“托”住全联，如昆明大观楼联，其结尾应分别为：

莫辜负四围香稻、万顷晴沙、九夏芙蓉、三春杨柳；

只赢得几杵疏钟、半江渔火、两行秋雁、一枕清霜。

“上仄下平”的尾字，其目的也是造成平稳的音韵效果。仄是“不平”的，倘若全联以仄字收，就不能平稳。

稳的内在含义，主要表现在强弱上。所谓强弱，即上下联言事范围大小的相对，思想深浅的相对，抽象与具象的相对，感情浓淡的相对。一般情况为上下联的强弱相当，例如：

知多世事胸襟阔；

阅尽人情眼界宽。（格言联）

家居绿水青山畔；

人在春风和气中。（春联）

这样的对联居多。但有些是有强弱变化的，主要是上弱下强，这样的对联也很多，如《羊城晚报》征联力拔头城的一联：

闻鸡起舞；

跃马争春。

上下联都是发愤争胜的意思，下联的力度自然更大些，概括面也更广些。再如广州翠园酒家征联中独占鳌头的一副作品：

翠阁我迎宾，数不尽甘脆肥浓，色香清雅；

园庭花胜景，祝一杯富强康乐，山海腾欢。

比起出句的具象感受，对句在气韵和感情升华方面，都高出一筹。

从以上两例我们可以看到，强弱之分，不是好坏之分。无论强弱相当，还是上弱下强，每一句都要尽力去做。倘有一句败笔，则如同房基柱塌陷，建筑物是不会稳固的。

至于上强下弱的情况，比较少见，除非一些趣联，否则，谁也不愿做“虎头蛇尾”的事。

稳，还有一个“工夫在联外”的因素，那就是思想的成熟和稳定。一个人思想反复无常，对人生没有自己的信念，感情上浮躁夸饰，他的对联作品，则很难达到真正的稳。

三、贴

贴，即妥当的意思。好比人做件衣服，经过妥当地剪裁、缝纫，穿起来很合身，不大不小，不肥不瘦，自己穿着合体，别人看着也舒服。作对联也要像穿衣服一样。好的对联可达到“增之一分则长，减之一分则短”的地步。如果立意不当，则主旨欠佳；抒情不当，则表态失度；措词不当，则举止无方；用字不当，则形貌多疵。

“不贴”，常表现为夸大其词，仿佛一个矮人穿了长衫，戴了高帽一般。题名胜，则“世上第一”“天下无双”；“胜西湖”“胜蓬瀛”……；写挽联，则“与天地共存”“与日月同辉”……即使作广告，写悼词，恐怕也没有这样写的。

“不贴”也常表现为用词不当，特别是对同义、近义词，未能精细选择。1985 年全国“迎春——长城”征联中，有这样一副应征联：

东临碣石涛声旧；

西近阳关柳色新。

此联在立意、情绪、对仗、平仄诸方面都不错，只是“旧”字为与“新”字对仗，字下得太拘束，反而意思不清：涛声能有新旧之分吗？评委们决定把这个字换掉，用一个近义词“古”代替：

东临碣石涛声古；

西近阳关柳色新。

这样，就“抢救”了一副好联。

不贴，也表现为上下联主题不集中，即立意上不那么一致。

四、切

切，虽也有“妥当”的意思，但它主要表现为有比较明确、比较强烈的针对性，即“确切不移”。

《楹联丛话·卷四》载，潮州韩文公祠联云：“天意起斯文，不是一封书，安得先生到此；人心归正道，只须八个月，至今百世师之。”紧切潮州，移易他处，如昌黎祠不得。

此联之所以不得“移易他处”，是因为“紧切潮州”。唐元和十四年，唐宪宗遣人自凤翔迎佛骨入宫中，瞻奉舍施。韩愈（文公）上《论佛骨表》，“欲为圣明除弊事”，谁知，“一封朝奏九重天，夕贬潮州路八千”，被贬为潮州刺史。虽只在这里呆了八个月，但他的文学主张因际遇更得到加强，作为古文运动的领导者，他被尊为百世之师。

不妨将此联与其他韩祠联进行对比：

其一　苏学士前传谪宦；

　　　孟夫子后拜先生。

其二　金石文章空八代；

江山姓氏著千秋。

其三　起八代衰，自昔文章尊北斗；

兴四门学，即今俎豆重东胶。

显然，这几副联亦是佳作，但并未“紧切”当地。前二联是潮州的，后二联是北京的，与“天意”一联比较，切与不切，十分清楚。

除切地外，对联还强调切人，无论题赠、喜庆，还是哀挽，都要非常适合受联人和撰联人的身份、经历、性格特点。1936 年 10 月 19 日，鲁迅先生病逝于上海，震惊文坛，许多名人写挽联表示悼念之情，兹举数联于下：

著述最谨严，岂徒中国小说史；

遗言太沉痛，莫作空头文学家。（蔡元培挽）

方悬四月，叠坠双星，东亚西欧同殒泪；

钦诵二心，憾无一面，南天北地遍招魂。（郭沫若挽）

要打叭儿落水狗，临死也不宽恕，懂得进攻退守，岂仅文坛闯将；

莫作空头文学家，一生最恨帮闲，敢于嬉笑怒骂，不愧思想权威。（陈毅挽）

敌乎？友乎？余惟自问；

知我？罪我？公已无言。（徐懋庸挽）

这几联是“工而切”的。首先切合鲁迅：有用鲁迅著作名的，如《中国小说史略》《二心集》；有歌颂鲁迅精神的，如打落水狗；有对鲁迅进行恰当评价的，如“岂仅文坛闯将”“不愧思想权威”；有说鲁迅遗嘱的，如“莫作空头文学家”；有由鲁迅逝世时间进行联想的，如“方悬四月，叠坠双星”（1936 年 6 月 18 日高尔基逝世）。其次切合作者自己：蔡联沉稳谨肃，犹如学者挚友；陈联锋芒闪烁，不失武将儒风。郭联的“撼无一面”，是言事，他与鲁迅未见过一面，也没通过一次信，感到“这在我是莫大的遗憾”；徐联在切合自己方面更值得称道。人们知道，鲁迅生前曾对徐产生误会，撰文进行了严厉的批评。徐还未来得及进行解释，鲁迅先生就去世了。因此，徐联更多地表达自己当时的复杂心情。

这种“切”，表现了事物的特殊性。从哲学来讲，普遍性是寓于特殊性之中的，唯有“特殊”，才可显出事物的千变万化，色彩纷呈。春联、寿联、挽联，分“通用”和“专用”两类，通用联虽“放之四海而皆准”，却没有个性，不“切”，因而，不应成为创作的主要途径，倒是专用联应予大力提倡。

五、新

新，就是新鲜别致，有独创性，不因循守旧，达到“标新领异”的地步。如果不出“新”，对联就不能发展。

对联要立意新，这是最主要的。对于同一题材，同一名胜，同一人物，后来者一定要以最新的立意取胜前人，否则，低于前人或者模仿前人，还不如搁笔。

试看几副理发店的传统名联：

其一　虽云毫末技艺；

　　　却是顶上功夫。

其二　到来尽是弹冠客；

　　　此去应无搔首人。

其三　修就一番新气象；

剪去千缕旧东西。

其四　不教白发催人老；

更喜春风满面生。

其五　磨砺以须，问天下头颅有几；

及锋而试，看老夫手段如何。

这几副联，各有其立意角度，尽管都带有双关意味，却不令人感到重复。一联是自赞手艺好，“毫末”与“顶上”双关用得极为精当；二联是写顾客情态的，“弹冠”与“搔首”写出理发前后客人的有代表性的动作；三联是写“修剪”这一行业的特点；四联是写理发师的高尚精神境界；五联是太平天国将领石达开所题，借理发表现了大无畏的战斗精神。

面对这些名联，再创作就一定要另辟蹊径，如：

新事业从头做起；

旧现象一手推平。

有一副很有特点：

技术革新，头头是道；

容光焕发，面面皆春。

“头头是道”双关极巧，如果把那些操作过程写入，便索然无味了。

由此可见，立意新实在是对联创作的关键，当今若干对联，却恰恰是没有新的立意，尤其春联创作，这方面问题更突出些。我们提倡对联要反映时代精神，要表现当代人的生活方式和思维方式，要表现新社会的思想风貌和道德标准，要表现层出不穷的新事物和新观念。许多对联作家为此做出了可贵的努力，成绩斐然。而一般初学者常常对时代精神进行狭隘和片面的理解。他们以为写春联一定要写上“新时代”，要写上“振兴中华”，仿佛只有这些新名词，这些标语口号，才能体现“思想性”。其实这种理解是不科学的。

对联的语言，应该是清新、典雅、自然，是新鲜活泼的。旧的陈词滥调，应该抛弃，新的标语口号，也要避免。用新的语言表现新的意境，才能创造出佳作。有些作者每年都写作和发表几十乃至数百副春联，却不注意创新，试将其历年作品整理一下，就会发现在意境和语言上雷同的太多了。

六、奇

奇，就是构思奇特，语言奇巧，令人拍案叫绝。这样的对联给人印象颇深，往往过目不忘。

趣联常以奇取胜，以巧夺人。拆字联自古以来，数量很多，论构思之奇，下面这副是不可多得的：

棗棘为薪，截断劈开成四束；

闔门起屋，移多补少作双间。

再以数字联为例，有一种数字灌顶联，如“三光日月星，四诗风雅颂”之类。出句以“三”分领三个名词，对句必避开“三”，但必须也领三个名词，十分奇特。于是，引动人们写了不少这类的对子。古往今来，只有华罗庚先生的一副，能称得上“奇中之奇”：

三强韩赵魏，

九章勾股弦。

这是20世纪50年代初，华罗庚随中国科学家代表团出国途中所作，不但所领三个名词都有出处（韩赵魏为战国三强，勾股弦定理最早见于《九章算术》一书），而且用进在座的钱三强、赵九章二人的名字，又多了一层意思。

除趣联外，其他各类对联中都有一些构思奇特的。

比如写太白楼的对联，多写李白的飘零身世，斯楼的幽雅环境，甚至以扬李抑他的办法，尽写李白的诗才。王有才一联堪称奇绝：

我辈此中惟饮酒；

先生在上莫题诗。

也有人称其为“太白酒楼”联。不管怎样，此联构思不凡，用劝人只饮酒莫题诗的主意来反衬李白的诗才，写法不同一般。应该看到一些新而奇的对联，常常能促进对联品种的多样化。比如，以嵌本年天干地支的干支联，是春联的发展；自挽联，则是挽联的发展等。

工、稳、贴、切、新、奇，是作联的基本法则，古今名联，在这六个方面能做到兼顾并有所突出，故而能流远久远，脍炙人口；反之，不工、不稳、不贴、不切、不新、不奇，这些作联的毛病，“染”上一种，都不能成为佳作。因此，初学者应在这几个字上下功夫，作联不必贪多，能做到“创作一副，满意一副”，就有了提高的基础了。

第四章　开州联迹寻踪

一副对联成就一段美好姻缘

千年开州古城小南街位于南河河畔，阁楼林立水波荡漾，大约在满清王朝时期出了一户大户人家，老爷李忠膝下有两儿一女。女儿不但貌美如仙、正直贤惠，而且知书达礼，敏捷多才。李妹年满十八岁时，坚持要考试招亲。

“招考女婿”的消息不胫而走，很快传遍县城内外。报考那天，李府张灯结彩、鼓乐齐鸣。只见家奴将题目悬挂在彩楼之上，乃是一幅七仙女下凡图。

众生一见，面面相觑，正不知如何对答，只见从大门外匆匆忙忙走进一个穷书生。他不慌不忙向李家奴仆要来文房四宝，放在地上便像模像样地画起来，霎时一幅董郎扶仙姑的人物画立即绘成，且所画仙姑与悬挂在彩楼上的仙姑几乎一样。家奴将画传入二堂，小姐见了满心欢喜，暗托终身，可是当李老爷问明他的身世后，却气得暴跳如雷，连说门不当、户不对，般配不得。原来穷秀才姓王名良，父母双亡，孑然一身，住在城北凤凰山山腰的大觉寺，依靠住持大慈和尚为生。穷书生因不门当户对被轰出大门，回到大觉寺便削发当了和尚，取法号名大悲。

再说姑娘为此事害了一场大病，她女扮男装带着一些银两和值钱的东西从李府后门逃了出去，又用银子收买了城门老兵，当夜就去到大觉寺。可是老和尚大慈不让她与大悲相见，但后来经不住小女的哭诉恳求，便说："现在由我出一上联，如果你对上了，我就让王良还俗，同意你们成亲；若对不上来，说明你们有缘无份，姑娘就请便吧。"于是，大慈和尚忙叫小和尚摆上纸笔墨砚，提起大笔一挥而就："大觉寺大和尚提大笔写大字大慈大悲。"姑娘听罢，忙接过笔来一气呵成："小南街小女子拿小针做小鞋小心小意。"后来王良还俗，共结百年之好，一对有情人连夜逃到对面山上拜堂成亲。老百姓为了纪念那位仁慈的长老和这对敢于追求美满幸福生活的青年男女，便把他们住的山取名大慈山，一直保留到现在。

信仰

威灵寺于公元215年修建于西汉年间，于1995年翻新及扩建。溯彭溪河而上，凌九龙山之巅，但见深沟险壑，山峰峻秀，人称"五宝灵山"者，状似飞龙，名曰"威灵"。古寺巍巍，森森然似有神气，与明朗朗的气候正好调和。步几级石阶，古寺之外景便豁然眼前。一溜长廊杳石铺就，百年有余，长廊右侧者，"威灵池"也。门首造型，很是壮观。红墙绿瓦，独立于长廊右侧者，"威灵池"也。门首一联曰："威镇天顶宝恩苑，灵显仙境龙泉洞。"登几级石阶入内，当中一井，壁上一碑记曰：威灵池也，脉络西秦龙峦矗天街月岿然独尊，故昔人名曰天顶山。山下有泉，四时不歉不盈，清则暗浑则雨，后有风。或云雾自出，所谓山泽通气，而有龙则灵也。前清嘉庆时，岁大旱，乡人祷于斯，池果雨，后屡求，辙应，故名威灵池。上供龙王塑像，案上香火缭绕，油灯正亮。长廊正中，一排石梯整齐而上，登上最后一级不多不少正好九十九，真有九九归真之感。杏黄色的墙壁上，"南无阿弥陀佛"六个大字，遒劲而凝重，仿佛承担着人世间众多苦痛。大门之上，五龙镇宝图案之中，“威灵寺”三字金光闪闪。门首一对雕有神鸟图案的石基托一横梁，上雕八仙过海、唐僧取经等图案。门上有联云：“威风凛凛竞相上帝，灵感昭昭阴庇下民。”古木大门，显示着岁月的斑斑驳驳，门上绞链发出吃力的转动声，警告那些不虔诚者不得擅自入内。大门洞开，一尊弥勒佛于门厅之中，两耳垂肩，袒胸露乳，肩披缓带，笑口大开，左手抓一如意。项挂一串念珠。正是“开口只笑笑天下可笑之人，大肚能容容天下难容之事”。进得门来，满目华丽的建筑和精美的雕刻令人目弦神迷。墙壁上布满了古典的装饰，一尊镀金大鼎里插满香烛。步入正殿，供桌上点满了硕大的红烛。供桌前面的大盆里，掷满烧得红红的残香，浓重的香气和弥漫的烟雾，使人几生顿化之感。你看那个端坐冥思的释加牟尼，左手捧金钵，右手拇指食指相捏，双目正从沉思中醒来嘴角含着淡淡的笑意，像在菩提树下，悟出了什么真谛。在阵阵烟雾背后。丈余高的南无阿陀佛，两侧还有观音、势至、文殊、普贤、地藏、韦驮等石雕，法相庄严，栩栩如生，令人肃然起敬。十几个僧人或手拔佛珠，默默祈祷，或摇头顺脑，念念有词。在能容纳五百余人的大殿里，善男信女们有的伏在蒲团上，有的干脆跪在地上，无数双惶恐的眼睛，仰望着大慈大悲的菩萨。人们仿佛丧失了原有的分量和密度，被一种神奇的力量高悬在空中。

神奇秀丽的仙女洞

远观仙女洞外形如簪，温汤井有民谣“金盆对玉簪”，即谓之。从温泉镇河东街拾级而上至洞前，两旁百余株巨榕夹道，虽暑日亭午，亦觉阴凉。今所余不足十株，皆大十围。仙女洞于唐时就建有道观。观前有半圆形月台。洞四周修有围墙，明代和清代两次对仙女洞围墙加固修高。月台开阔，能容二百余人。青石山门，飞檐门楼。原门额镶石刻二块。上为“第一名胜区”，下为“山水有清音”。今石刻不存，洞门额上“仙女洞”三字为县人盛德伟所书。大山门联云：“自然深邃谁能穷底识乾坤；造化神奇竟有洞天悬日月。”上联为里人刘世光所撰，下联为时任四川省副省长黄启璪所对，字亦为盛德伟所书。

今洞内殿廊厅室及楼台，皆清宣统三年时重修。二门内戏楼不甚大，斗拱式木质结构。楼额有巨匾，刻“众仙同日咏霓裳”，及二门对联“径直达桃源渡口；家居在安乐窝中”皆清末蜀中书法大家彭云实（亦名彭聚星，云阳人）所书。

穿二门，过一庭院方是仙女洞山岩洞口。洞口上方有两层大殿，名“九皇宫”，现还有一石门供观赏。正殿塑三头九臂斗姥元君。1951 年，殿内诸神悉数捣毁。今人塑老君像于殿正中，两旁塑仙女洞道观最后两道长之像。皆因不知其历史状况之故。

外洞口高约三丈余，阔约七八丈，豁然开朗。洞口两楠木挺立如柱。洞顶藤蔓披悬，俨若垂帘。外洞不甚大，约三亩见方，敞阔如厅。正中一石屏，又将外洞分为前后两部。前部明朗，对着仙女像的左侧，有石床、石榻、石桌、石鼓圆凳和石条凳，今石榻处塑仙女像一尊。高 3 米有余。厅顶正中悬石钟，重数千斤，温泉人称万民伞。1962 年 7 月，石钟坠落，山下街房震动。

新浦县城遗址对联

遗址在县南 52 公里今南门乡莲池村。咸丰《开县志》载：“旧县城”一名岫岘城，在县南一百二十里，新浦县曾治此……现名

"大寨"。民国时期文庙、紫云庵尚存，后来古庙及城墙大部被拆毁，现仅南城门尚屹立，其门上刻有楹联一副，上联为"城名旧县新浦遗迹"，下联"池带双河垫江流域"。横额为"岫岘城"。

杨柳关

1933年10月，刘湘纠集军阀部队110个团，20余万人，分6路向川陕革命根据地大举进攻。红四方面军于10月16日在四川宣汉、达县一带反击，25日胜利结束战斗，进住南坝场后，即会同川东游击军（后为红四方面军第33军），共同围歼聚集在开县、开江、宣汉3县边境的国民党军队约8个团。当日下午，川东游击队司令王维舟在下八庙文家祠堂召开紧急军事会议，研究确定了包括进军杨柳关的作战方案，王维舟亲自指挥两支部队配合红军主力直攻杨柳关。战斗于26日19时打响，激战一天两夜，国民党军队伤亡惨重，分几路突围，一路经杨柳关西侧之凉风垭、黑天池向开江逃遁；一路经杨柳关杉木尖一线逃向开县。逃向开县的廖雨辰残部在红军追击下，首尾不能相顾，兵如潮水般从杨柳关溃退下来，越大、小分水，经三汇口，沿谭家山逃至中和、义和、临江一带。红军1000多人于10月30日上午完全占领杨柳关。同时，王维舟派出两支侦察部队，深入开县杉木尖、小分水、戚家寨、肥猪寨、三汇口等地侦察敌情。派一个营留守杨柳关，担负警戒开县、开江方向的任务。11月5日，红军主动撤离杨柳关。

杨柳关在县西52公里，三汇口乡与宣汉县交界处，为开、宣交往的咽喉要道，亦是陕西至重庆的必经之路，是开县西部的重要隘口，地势险峻。两县交界处原有雄关一座，关门上楹联为"兵备三千铁甲，地连百二雄关"。上书"杨柳关"三字。

开州文脉盛字山

盛山，屹立在开县县城北部，突兀高耸，山势巍峨，峰峦叠翠，风光绮丽，一年四季郁郁葱葱，因山形酷似“盛”字而得名。唐元和十三年（818）考功员外郎韦处厚被贬开州刺史，居开州三载，闲来游吟于盛山，寄情志于山水云月，吟咏了葫芦沼等盛山十二景诗，白居易、张籍等数十文人墨客为之动情笔和，后联成大卷，韩愈为之序。由此，历代相传，开县“盛山十二景”及韦处厚、张籍等“十二景诗”誉满中华，名声远扬。今人杨谨伯为其山门题联：“何事催人，登山寻盛字；多情怀古，对景赋新题。”杨谨伯先生还题有重修大觉寺山门对联：“大乘希广济齐证佛门清净果；觉路引同修共参法界菩提心。”题仙女洞道观门联“洞天涵雅韵；汤井托名山”等等，出版有《养墨斋诗词对联自选集》。

盛山公园有盛山十二景、仿古艺术长廊、刘帅纪念馆、岩观音、公园大门、寻盛门、大石梯山河颂壁画、涧桥、龙泉、逐月桥、八仙桥、登山大石梯、十二生肖、阴阳八卦、金凤凰、六角亭、群龟戏水和风格各异的亭台楼阁等景点，园内大小石梯四通八达，绿化覆盖率达80%以上。公园地貌小品丰富，山脊、山谷明显，平地、缓坡、陡坡过渡自然，各种山丘、沟谷起伏有致，植被具多样性，同时由于开县属结构复杂的亚热带阔叶林区，这为公园植物群落的建置提供了丰富多彩的植物资源。

春节登高征联

开州一年一度举行春节登高比赛，未搬迁至新城时，登高比赛从体育场出发，经过寻盛门，向凤凰头攀登。由于参与者众多，只有凭登完全程的证件才可参与摇奖。此项比赛至2005年已举办13届，其中第10届还以登高为题举办过征联比赛，如“倾城寻盛春光无限凤头岭，拾级争先丰采尽归捷足人（陈长永）”，“古城开县东南临水西北傍山钟灵毓秀，胜地凤凰亭馆点金竹松镶翠悦目赏心（彭为）”，“盛字已入画，情牵家国，当悟壮美宏图惟奋进；凤凰正当头，心随箫玉，方感险峻巅峰须攀登”，“十年举盛典，登盛山、赏盛景，高歌盛世；千仞屹新人，眺新坝、指新家，大赞新城”等，皆是其中佳作。

大觉寺大雄宝殿征联

2002年春，开州大觉寺大雄宝殿复建。其时，大觉寺主持释证相率僧众举行法事欢迎。文学顾问张昌畴（开县师范学校教师）感其诚意，特约请本县文化界名人为其“六和堂”挥毫泼墨，并为大雄宝殿征联。这些楹联通俗易懂，切合时代精神，其中佳作不少，现将其摘录如下：

以先觉觉后觉，觉己觉人，同登大觉；
修今生生来生，生因生果，普渡众生。

（杨健远）

禅林七宝庄严，佛日照梅溪，一尘不染光明地；
狮座三身功德，雷音开觉路，五蕴皆空智慧天。

（李敬忠）

叹人间太多愁，愁死愁生、愁病愁老，总难离开愁事；

宏大道须博爱，爱国爱教、爱己爱人，应该具有爱心。

（张昌畴）

南岭公园文化亭征联

2007 年 12 月，开县建委启动了新城南岭公园文化亭有奖征联活动。征联要求视野开阔，作品平仄合律，对仗工整，音韵和谐，文意切题；既要有开州文化内涵，又要富有时代精神，单联字数在 18 字以内。共收到征联 140 副，有 38 副作品入围，后精选了六副作品镌刻于其上。

碧烟亭：碧树葱茏，千丛林海掀碧浪；

烟波浩渺，万顷平湖起烟云。（张昌畴）

滴翠亭：云横九岭，一带绿阴一带水；

浪下三峡，半城青翠半城湖。（张君尧）

紫云亭：南岭北山，屏列州面；

东城西廓，影映湖心。（王远见）

紫云亭：毗卢佛光，引紫气东来，三里着意；

大觉梵唱，伴瑞云南去，九岭含情。（陈宇光）

伴月亭：秀岭宿云，云绕南山悬皓月；

碧湖戏水，水环北岸荡轻舟。（王永威）

恋初亭：人恋初亭，难放眼，还须向上；

雾消四野，好观山，只管朝前。（谭祥林）

开县名人名联选

李宗羲：

白云无意飞天外；青梦有时到日边。（宅居）

陈昆：

洗眼但着梦泉水；回头且看盛字山。（大觉寺）

四座高谈惊睡佛；一声长啸醒睡翁。（睡佛池）

一笑东来才弹指已非汉魏；几时西去尚留像长镇巴渝。（大觉寺）

陈锡九：

人世太淡凉，未闻雪里送炭；菩萨好热闹，习惯锦上添花。（黑虎庙）

雷古尊：

在春风中坐，招霁月入怀。（学校书房）

欲现化身千万象，须学童子十三参。（长岭庙）

张别药：

峰烟匝地哀，谁为斩头陷胸，无数骷髅暴原野；

肝胆唯天鉴，自怜唇焦敝舌，几番风雨近重阳。（国民参议会）

杨谨伯：

对酒当歌，名士风流添雅兴；

品茶促膝，故人星散又重来。（农家乐）

何事催人，登山寻盛字；多情怀古，对景赋新题。（盛山公园大门）

杨健远：

怀四化宏图，乐教园丁育桃李；

揽三育责任，甘为孺子食菰蒲。（开县师范学校）

以先觉觉后觉觉己觉人同登大觉；

修今生生来生生因生果普渡众生。（大觉寺）

事也罢，物也罢，忘却物外难忘事；

情相亲，人相亲，赋尽人间可赋情。（聚仙陵园）

大觉寺：

禅林七宝庄严，佛日照梅溪，一尘不染光明地；

狮座三身功德，雷音开觉路，五蕴皆空智慧天。（李敬忠）

叹人间太多愁，愁生愁死，愁病愁老，总难离开愁事；

宏大道须博爱，爱国爱教，爱己爱人，应该具有爱

后　记

当完成《一脉文韵美帅乡》校本教材的编撰工作后，心里特别高兴。这是为了承新课改之脉，为一群高中生写下一段注脚，拓展其语文知识，传承中华传统文化。让这些青春年华的学子得到五千年文化的濡染，是我们的心愿，也是我们的责任。

奉献给开州区实验中学学生的这本书立足于传统文化，开启学生的心扉。我们以高中语文教材为纲，在国家课程标准的基础上，致力于对本土文化的挖掘。我们以开州区深厚的文脉为基础，从唐朝韦处厚为开州撰写的“盛山十二景诗”到“雷子惠牛山诗草”，从李宗羲“白云无意飞天外，青梦有时到日边”的宅居联，到今人为南岭公园的征联，涵盖了开州最具代表性的本土文化。

我们怀着对祖国优秀传统文化的热爱和对本土文化的传承与创新，旨在培养学生对传统文化的兴趣，在编写过程中多方考证，四处采访，力求真实。我们用情感演绎文学经典，用纸笔书写诗词歌赋，让学生在成长的道路上，多了一个前行的坐标。

本书是重庆市教委 2019 年“普通高中精品课程”立项课题，也是一群对传统文化有着深厚感情的教师的至诚奉献。在编写过程中，得到了我校退休教师张昌畴、王代轩等老师以及区府办主任曾信祥、开州区诗词联合社主席陈宇光等友人的支持与指导，学校一班人在每一个环节上都给予帮助，自始至终都关注本书的成长，为本书的问世，付出了艰辛的劳动，花费了大量的心血。在此，谨表深深的谢意！

鉴于我们对校本教材的编写经验不足，虽然得到了众多的关怀和帮助，但依然难免会有错漏之处，因而有不当之处，敬请读者批评指正。

编写者

2019 年 7 月 9 日

后记

呈现于大家的《犁与剑的时代思考》(原定书名《国防经济评论2021》)是在国防经济学科升温回暖的背景下，学者们对国防经济学理论和实践的新探索、新思考、新观点。真诚希望专家学者多提指导意见和改进建议。

《犁与剑的时代思考》由资深学术媒体人白卫星组织策划，南京航空航天大学谭清美教授主编。

本辑出版得到国家社会科学基金重大招标项目：构建军民一体化国家战略体系和能力研究（20&ZD127）和新时代军民融合创新资源配置效率测度与评价研究（20ZD A092）的鼎力支持。